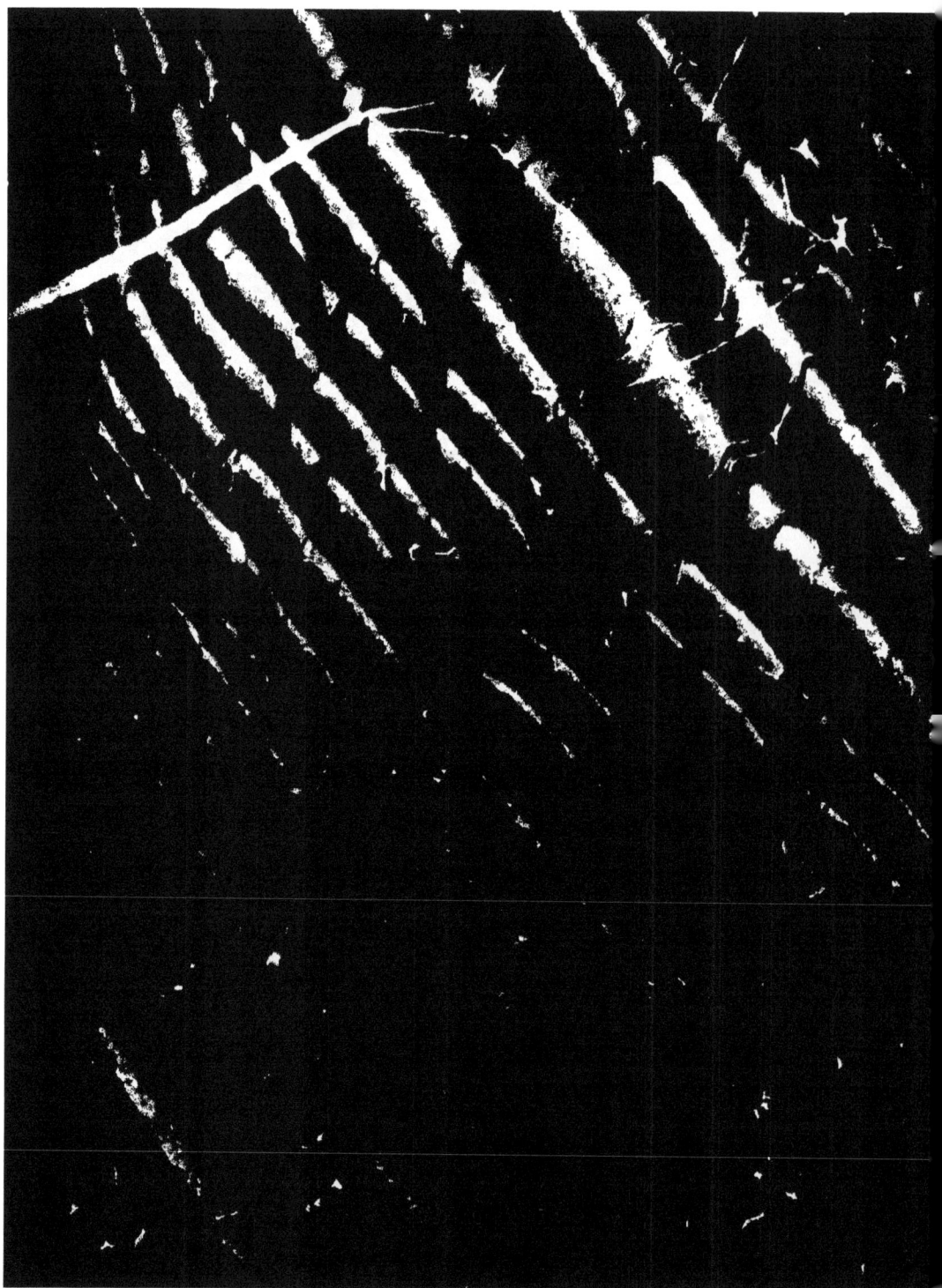

# LES
# BAGNES.

IMPRIMERIE DE J. TASTU,
rue de Vaugirard, n. 36.

# LES
# BAGNES.

—

## ROCHEFORT.

—

MAURICE ALHOY;

AVEC UN DESSIN LITHOGRAPHIÉ

Le Code pénal, tout mauvais qu'il est, a été
soumis jusqu'à ce jour à un système d'exécution
pire que lui.

CHARLES LUCAS

## PARIS

GAGNIARD, ÉDITEUR-PROPRIÉTAIRE,
QUAI VOLTAIRE, N. 15.
A J. DÉNAIN, LIBRAIRE.
RUE SAINTE-ANNE, N. 16.
1830

# LES
# BAGNES.

— ◆ —

## ROCHEFORT.

— ◆ —

PAR

## MAURICE ALHOY;

AVEC UN DESSIN LITHOGRAPHIÉ.

> Le Code pénal, tout mauvais qu'il est, a été
> soumis jusqu'à ce jour à un système d'exécution
> pire que lui.
>
> CHARLES LUCAS.

## PARIS

### GAGNIARD, ÉDITEUR-PROPRIÉTAIRE,

QUAI VOLTAIRE, N. 15.

### A.-J. DÉNAIN, LIBRAIRE,

RUE VIVIENNE, N. 16.

## 1830

# AVERTISSEMENT.

J'ai visité les bagnes de Rochefort en 1827; dans les premiers mois de l'année suivante, j'ai livré mes observations à l'impression. Des circonstances indépendantes de la volonté de l'éditeur et de la mienne ont reculé jusqu'à ce jour la publicité.

Dans l'intervalle qui s'est écoulé, une ordonnance royale a établi le classement des condamnés par catégories, et a fixé le lieu du supplice en raison de la durée de la peine. La mesure administrative qui a suivi l'expression de la volonté royale aurait nécessité quelques additions à cet ouvrage si elle eût porté la ré-

forme sur le système d'organisation générale;
mais elle n'a réagi que sur quelques individus, et j'ai cru ne pas devoir retarder davantage l'apparition d'une requête en faveur de
l'humanité, pour prendre liste des individus
que le nouveau réglement pénal a conduits
de Rochefort à Brest ou à Toulon. Je me suis
affranchi encore de la crainte de laisser quelques vides dans les cadres du personnel, que
l'expiration de peine, la mort ou l'évasion ont
pu dégarnir. Il y a deux ans que j'ai quitté
la plume : quelques détails du tableau ne sont
peut-être plus les mêmes, mais l'ensemble n'a
point varié.

Le nom de M. Hyde de Neuville se présentera honorablement à quelques pages. Quand
je les écrivis, je n'encensais pas l'homme public, mais je le remerciais des bienfaits de son
administration, et je sollicitais sa philantropie éclairée. Le ministre est rentré dans la
vie privée : la civilisation et l'humanité y per-
dent. Tout portait à croire que sous son ad-

ministration on eût aboli *les chaînes*, *la bastonnade*, *les cours spéciales maritimes*, et
cette lugubre cérémonie du *ferrement à Bicêtre*, à laquelle rien de plus hideux ne pourrait être comparé, si le regard de l'observateur ne pouvait plonger dans les étables d'Essonne au moment de l'ignoble curée distri-
buée à la première halte des condamnés *.

A l'époque de mon voyage à Rochefort, je
ne connaissais pas M.ᵉ Appert. Il visita le bagne quelques jours après mon départ. A mon
retour, une occasion se présenta de voir ce
membre de la Société des prisons ; je la saisis.
Je communiquai à M. Appert mes observations écrites, et je lui manifestai mon étonne-

* Quand je livrai cet ouvrage à l'impression, je n'avais
pas encore assisté au ferrement des condamnés (voir
page 217) ; depuis cette époque, j'ai été témoin de cette
scène juridique. Dans le volume *Bagne de Toulon*, je
donnerai des détails sur l'itinéraire de la chaîne que j'ai
suivie jusqu'à sa destination. C'est à ce chapitre que je
renvoie les réflexions que je devais ajouter au récit que
j'ai emprunté à un témoin oculaire.

ment du silence qu'il gardait dans son Journal sur les abus qu'il avait pris à tâche de signaler ; je l'attribuai à la difficulté qu'il trouvait peut-être, dans une visite faite rapidement, à saisir les vices d'administration et à juger les moyens de surveillance. « J'ai vu, me dit M. Appert, tout ce que vous avez vu, mais je ne l'ai pas publié. » Plusieurs témoins entendirent cette réponse. Sans peser la retenue discrète de M. Appert, je publie son témoignage en ce qui me concerne. C'est une garantie pour mon ouvrage, il appuie la véracité des faits et donne de la force à mes observations.

MAURICE ALHOY.

Paris, ce 20 novembre 1829.

# INTRODUCTION.

—•—

L'inscription funèbre que le Dante a placée sur la
porte de son *Enfer* [1] semblait avoir été empruntée au
génie du poète pour fermer les bagnes à une pitié gé-
néreuse ; une administration cruelle repoussait de
ces lieux de douleur les pas du philosophe qui invo-
quait en faveur des forçats les droits imprescriptibles
de l'humanité. Mais voilà que tout-à-coup des voix
éloquentes protestent contre un préjugé barbare, et
appellent l'attention du législateur sur ces tombeaux
où la loi jette vivans les hommes que la société a re-

---

[1] Lasciate.... speranza voi ch' intrate.

jetés de son sein. Cette intervention de la philantropie a soulevé des questions du plus haut intérêt;
de nombreux athlètes se sont précipités dans l'arène
pour combattre ou soutenir le régime des bagnes.
Chacun émet ses théories, chacun rêve un système.
La presse popularise cette cause intéressante par une
foule d'écrits remarquables; des sociétés philantropiques offrent des couronnes aux vainqueurs dans
cette lutte nouvelle; des conseils- énéraux réclament
la révision de notre Code pénal; dans les salons
les conversations roulent sur un sujet si important
pour l'ordre social. De ce conflit d'opinions sont
nés deux systèmes, défendus et repoussés avec une
égale vigueur. Quelques écrivains, tant soit peu alar-
mistes, comparant la sortie des forçats libérés à l'invasion d'un peuple formidable, s'écrient que cette population croissante déborde sourdement la société, la
mine dans ses fondemens, et menace de mettre bientôt en question qui devra triompher du crime audacieux ou des lois impuissantes. La conséquence d'une
semblable conviction doit être nécessairement l'appel
d'une loi qui séquestre à jamais de la patrie l'homme
qui aura posé le pied dans la voie du crime.

Des hommes, dit-on, sortent du bagne essentiellement pervertis.... De ce principe s'ensuit-il qu'il faille les condamner à de nouvelles chaînes quand la loi veut qu'ils soient libres ; à de nouveaux travaux, quand la loi fait sonner pour eux le moment du repos ; au désespoir, quand la loi qui les surveille encore espère d'eux le repentir ? Criminalistes sans mandat, qui ne dévouez aux supplices qu'une famille de coupables, plongez vos regards dans les ateliers de nos maisons de force, dans les cours de nos salles de détention, voyez l'immoralité germer et suivez-la dans ses progrès rapides. Croyez-vous que l'ame se gangrène moins sous les verroux de la prison que dans l'atmosphère infectée de la chiourme ? Voilà donc encore des victimes que vous aviez oubliées dans vos projets d'embarquement ; elles aussi ont des prétentions aux droits de cité dans la nouvelle Botany-Bay [1] que vous voulez élever sur le sol de la Guiane, des Antilles ou sous le climat mortel de Madagascar. Augmentez encore votre *population* de ces nuées de jeunes vagabonds que la main de la Justice a saisis encore à la lisière, et qui,

_____

[1] *Voyez les notes à la fin de l'ouvrage.*

à peine nés, se sont déjà placés hors de la société: jetez-les sur des terres étrangères. Qu'importe? la patrie est sans douceur pour eux. Le travail leur aura bientôt procuré les aisances de la vie; en France, la liberté, après la peine expirée, leur deviendrait à charge, car tels sont les raisonnemens sur lesquels vous étayez votre édifice pénal. Que vous répondre, sinon que vous prenez la loupe quand vous regardez les dangers de la société, et que le vote d'un conseil-général qui a dit : *La plupart des crimes sont commis par des forçats qui sortent du bagne*, est une hyperbole de rhéteurs? Il n'y a pas d'année où des louves affamées, des sangliers furieux ne sèment le carnage dans quelques-unes de nos communes, et n'assouvissent leur cruauté sur quelques faibles victimes. Ouvrez les registres mortuaires de nos campagnes, énumérez les arrêts des Cours d'assises. Je mets en fait que la proportion entre les crimes commis par des forçats, et les désastres causés par les bêtes féroces, est de 10 à 30 en faveur des premiers; quel serait l'homme assez crédule ou assez timoré pour dire la sûreté générale des campagnes compromise par un danger qu'une battue peut prévenir?

La colonie des forçats est un de ces projets qui ne peuvent réussir. Le premier obstacle est dans l'injustice d'une pareille mesure. L'homme qui a expié sa faute aux yeux de la loi, devient égal devant elle à celui qui n'en a point commis; il rentre sous le bouclier commun qu'elle étend sur la liberté de tous. Un philanthrope s'est écrié : « Qui osera dire » que les malheureux que les tribunaux envoient aux » bagnes s'y corrompent sans exception? Qui osera » dire qu'on ne trouve pas au milieu d'eux quelques » caractères égarés un moment, mais assez fortement trempés pour résister à l'exemple, pour honorer leur servitude par le travail, pour préluder à une » meilleure vie par la bonne conduite et le repentir? » Et ce doute pénible, je puis le lever : j'ai entendu l'horloge du bagne sonner l'heure d'une mise en liberté; j'ai assisté à l'échange de la livrée du crime contre le vêtement de l'homme libre; j'ai vu le condamné qui recouvrait sa liberté, après dix ans de misère, s'élancer dans les bras d'un ami qui était venu briser ses fers: j'ai vu la joie briller dans ces yeux presque éteints; j'ai vu ce corps, affaissé par le poids de la chaîne, se redresser comme jouissant d'une nouvelle vie.... Oh! qu'il y avait de bonheur dans cette expression de physionomie! il y avait dans ces yeux-là une promesse solennelle de probité, un serment inviolable de retour à la vertu. Elles étaient une grande preuve pour moi ces deux grosses larmes qui ruisselèrent sur les joues du libéré, quand il apprit que, par une protection spéciale, il pouvait revenir à Paris sans entrer dans les escouades de la police.... Dans ce moment, quel eût été l'homme assez cruel pour lui lire l'arrêt d'un exil forcé, ou pour lui proposer un bannissement volontaire?

D'autres publicistes ou réformateurs plus humains, qui n'adoptent point le système de déportation, appellent l'attention sur le régime pénitentiaire; leur but est la conversion des condamnés, la cure d'ames gangrénées profondément, et pour l'atteindre ils demandent la servitude après les supplices, ou plutôt la continuité des supplices sous une autre forme. Pourquoi donc, au lieu de prévenir le mal dans son principe, l'attaquer d'abord dans ses conséquences? La loi qui a dit : Les coupables seront employés aux travaux publics, n'est point une loi qui porte avec elle un germe de corruption. Son effet moral n'est point d'avilir l'homme : l'obligation de servir, comme auxiliaire, aux travaux de la marine, de filer le chanvre dont on fait les cordages, de faire l'apprentissage de l'art du voilier, de préparer les formes [1], d'aplanir le terrain où le constructeur du génie élèvera la carcasse d'un navire ; rien dans ces travaux ne dégrade la nature humaine : les confier à des coupables, c'est ranger ces coupables dans une classe d'artisans laborieux.

Voilà le moment de mettre le doigt sur la plaie. Le mal naît de la vicieuse application d'une loi salutaire, de l'opposition de deux pouvoirs, l'un qui prononce l'arrêt, l'autre qui l'exécute. Le premier a réuni des coupables dans un lieu d'expiation, il les a voués à un travail forcé ; le second les a livrés à tous les vices, parce qu'il les a accablés de toutes les douleurs ; les torturant au nom de la société, il a fait germer dans leur cœur le désir d'user de représailles quand ils se retrouveront en contact avec elle. Sans étendre plus loin le parallèle entre le pouvoir législatif et la force administra-

---

[1] On nomme *formes* l'emplacement sur lequel on construit les bâtimens.

tive, il en résulte aisément la conviction que ce dernier seul est comptable des abus qui naissent de la condamnation *aux travaux forcés*.

Peut-être, me disais-je avant d'avoir visité les bagnes, peut-être le germe de tous les vices infecte-t-il le cœur du condamné, parce qu'au lieu de laver la souillure de son ame on l'épaissit encore? Peut-être détruit-on l'énergie qui porte au bien par l'abrutissement qui fait suivre l'instinct du mal? Xénophon disait qu'au lieu d'établir des punitions contre les méchans, les Perses tâchaient de faire en sorte qu'il n'y eût pas de méchans parmi eux. Ce principe ne pourrait-il servir de base à une nouvelle éducation qu'on donnerait à l'homme du bagne? Peut-être la privation de toutes les affections morales, les secours de l'amitié repoussés, les consolations de la religion, de la pitié éloignées, les plus vifs besoins de la nature comprimés, forment-ils les hideux détails de ce tableau; peut-être, après avoir contraint l'homme à outrager les droits de la nature et les lois sociales, lui fait-on une obligation de se les rappeler et de les respecter quand sa chaîne est tombée? Ces idées se pressaient dans ma tête ; elles s'offraient sans cesse comme réplique aux argumens des écrivains qui publiaient leurs opinions dans cette question importante. Bientôt ce devint pour moi un besoin d'aller chercher sur les lieux même de réclusion une conviction et des preuves. Je n'eusse jamais cru en recueillir d'aussi nombreuses et d'aussi tristes! C'est par mes yeux que j'ai voulu voir les bagnes ; j'ai voulu que mon oreille fût frappée du bruit de la double chaîne. J'ai vu le forçat sur son banc ; j'ai suivi dans ses travaux l'homme à veste rouge ; je me suis reposé près du bonnet vert qui couvrait pour toujours une tête condamnée ; j'ai assisté aux tristes repas du galérien ; j'ai bu à sa tasse, mangé à son *baquet*. Poursuivant de questions le criminel et le garde-chiourme, les chefs de surveillance et le condamné, pourrai-je dire que ce ne fut point toujours le forçat qui m'inspira le plus d'horreur? Pendant six mois, j'ai prolongé mon rêve au milieu de la sphère qui me l'inspirait. Que de tristes heures passées à Rochefort, à Toulon, à Brest, à Lorient! Dans cette longue visite, une pensée m'encourageait : sans m'élever aux considérations qui ne doivent être que l'œuvre des criminalistes, sans me ranger sur la ligne de ces nouveaux Érostrates qui veulent renverser dans une de ses parties l'édifice de notre législation pénale, je concevais l'idée d'une réforme administrative : je l'appelais, en développant ce principe de M. Pastoret : *La vigilance est un moyen plus sûr que la sévérité.* Au nom de l'humanité je demandais l'exécution de la loi ; je la demande encore telle que a faite la Justice, et non telle que la cruauté l'interprète.

# LES BAGNES

DE

# ROCHEFORT.

---

## CHAPITRE I.

> La nature avait refusé ses dons à cette terre
> inhospitalière.
>
> PASTORET.

Le père Théodore de Blois, capucin, l'unique
historien qui, jusqu'à ce jour, ait écrit sur Rochefort, manifeste pour cette ville un enthou-
siasme presque fanatique. Il la compare à Venise
qui n'était autrefois qu'un amas bizarre de petites
îles que le débordement de la mer avait formées.

« Rochefort était un assemblage de marais remplis par les inondations de la Charente, qui formaient un lieu malsain, désagréable et stérile.

« Voilà, ajoute le naïf historien, ce qui a fait naître l'occasion d'en faire une des plus belles villes de France. » Rochefort est loin d'avoir acquis l'éclat que lui présage le père Théodore; la régularité de sa construction y répand une monotonie qu'augmente encore l'absence d'une grande partie des habitans aisés qui, pendant l'été, cherchent à Soubise ou à Tonnay un air dégagé de miasmes putrides.

L'histoire de la fondation de cette ville offre un de ces exemples assez communs dans les annales des peuples, du caprice particulier traversant les intérêts publics. Mais ce qui n'étonne pas moins c'est la concession faite par le pouvoir à une volonté privée. Louis XIV, voulant rendre à la marine française l'éclat qu'elle avait perdu, fit sonder en plusieurs endroits de l'Océan un lieu propre à établir un nouveau port. Des intrigues ayant mis obstacle à ce qu'il choisit la position de Brouage, Soubise parut un emplacement convenable; la famille de Rohan qui possédait cette principauté refusa de céder ce site pittoresque. Tonnay-Charente sembla dans cette circonstance le lieu le plus favorable ; mais le duc de Mortemart imita le refus du seigneur de Soubise. Colbert, piqué de toutes ces difficultés, jeta les yeux sur la distance qui sépare les deux domaines, et là, entre Soubise et Tonnay-Charente, il résolut de mettre en œuvre sa grande entreprise. Au milieu de cabanes de pêcheurs, s'élevait, sur un rocher, un modeste manoir fortifié ; de-là le nom de Rochefort : un gentilhomme de La Rochelle en était en possession. L'exemple des Rohan et des Mortemart lui dicta sa conduite. En vain lui fut-il objecté qu'en cédant sa gentilhommière à la France, il lui livrait un port où les plus forts bâtimens, toujours à l'abri des ouragans, jouiraient du calme au milieu des tempêtes, en vain dit-on au châtelain que c'était précisément là le point où Angoumois, le Poitou, la Saintonge, le Périgord, le Limousin formaient, en se réunissant, un entrepôt des produits utiles aux équipemens des flottes ; que le canal de la Charente en facilitait le transport ; que cette position, naturellement redoutable, serait bientôt mise par l'art à l'abri de toute tentative humaine. Sans une découverte faite peut-être par quelque commis d'archives, Colbert eût encore été contraint de ployer sous cette volonté ; mais au moment où le châte-

lain opposait une vive résistance, il fut prouvé
que la terre de Rochefort avait été aliénée de la
couronne, que l'acquéreur l'avait payée cinquante
mille écus. Dès-lors le Roi en ordonna le remboursement. La révocation de l'édit de Nantes vint
terminer une contestation élevée à ce sujet. La
fuite du gentilhomme, zélé calviniste, mit fin
aux discussions, et le port de Rochefort se forma
la même année que l'Académie des Sciences fut
créée (1666). Il fallait, dit encore le père Théodore dans ses rapprochemens singuliers, que
Louis XIV se comportât de la sorte : la fondation
de Rochefort et l'Académie des Sciences *ont un
rapport mutuel, puisque l'une fournit les vais-
seaux, et que l'autre enseigne l'art de les bien
conduire.*

Le port de Rochefort est un des plus utiles de
France. Pourquoi faut-il qu'en portant avec intérêt les regards sur ce que ses détails offrent d'a-
vantageux à la marine, il faille voir aussi ce que
son climat a de funeste à l'humanité? J'ai habité
Rochefort pendant les mois d'août et de septembre. La ville présentait l'aspect le plus triste ; les
portes des boutiques ouvertes attestaient seules
une ville habitée : les volets des maisons étaient
fermés, les habitations silencieuses, les rues

presque désertes. Les relations de commerce ou d'amitié semblaient suspendues ; on eût dit que chacun craignait que la fièvre qu'on nomme *canicule* dans le pays, ne l'atteignît en pressant la main d'un ami ou en recevant le prix de quelque objet de négoce. Chaque maison avait son malade ou son convalescent. Pour arriver à mon hôtel, il me fallut traverser le jardin public ; quelques figures pâles erraient dans les longues allées : je me crus dans le jardin de l'hôpital. Mes visites n'étaient qu'une continuelle consultation médicale. On me prescrivait de ne me point promener avant le lever du soleil, et de ne point rester dehors à la nuit close ; on m'indiquait un régime alimentaire ; on me prescrivait la privation de l'eau comme portant un germe morbilique. J'assistai à un repas d'officiers ; chacun d'eux avait reçu le matin un supplément de solde pour achat de quinquina qu'ils doivent prendre comme antifébrile. Les maladies propres au climat de Rochefort sont des fièvres continues-rémittentes qui semblent, sans épargner les naturels du pays, avoir cependant, dit-on, une prédilection marquée pour les étrangers. Quelques médecins ont traité de *prévention* l'opinion gé-

nérale sur l'insalubrité de cette ville ; on a même
écrit que le principe de la maladie était dans la
crainte du mal. J'ignore si la terreur influe sur
l'imagination au point de hâter l'invasion de l'é-
pidémie ; mais des preuves malheureusement
trop positives, ce sont la vue de nombreuses fa-
milles en deuil, le nombre des boutiques d'apothi-
cairerie qui semblent faire de cette ville une colonie de pharmaciens, et surtout les volumes qu'on
a publiés pour prouver la salubrité de Rochefort.

La cause de ces maladies périodiques est généralement attribuée à la stagnation des eaux dans
les marais qui environnent la ville. Souvent,
en me promenant sur le rempart qui domine
Martrou [1], je me suis trouvé en contact avec
une colonne d'air tellement chargée de miasmes
infects, qu'une prompte retraite devenait indispensable.

Les moyens préservatifs de cette fièvre, sont
une juste mesure de travail, l'absence de la
fatigue, une nourriture choisie; aussi le nombre
des personnes qui, dans l'aisance, deviennent
malades, n'est-il point en proportion avec celui
de la classe laborieuse. C'est le peuple sur-

[1] Un des quartiers de la ville.

tout qui est la constante victime de ce fléau. L'hôpital est encombré; on distribue avec profu-
sion des médicamens à domicile. Le malheureux
courbé sous le poids des besoins échappe rarement à la contagion. « Et les condamnés!... —
Malgré les précautions qu'on semble prendre pour
cacher leur destruction, il est trop vrai que
Rochefort semble être la fosse commune des
galériens. » Ces hommes gardent toute leur vie
le sceau intérieur d'une dégradation physique
que leur impriment le séjour du bagne ou les ca-
chots dans lesquels ils ont été jetés. Il en résulte une
continuelle disposition aux affections épidémiques
les plus graves. L'homme condamné à vingt ans
de travaux forcés résiste rarement sous un climat
comme celui de Rochefort. Voilà donc la peine
de mort prononcée!... C'est le supplice avec une
longue agonie, et cependant la loi n'a commandé
que les travaux et la servitude... Ces idées
plongent dans de tristes réflexions, en retraçant
au souvenir l'histoire des supplices chez tous
les peuples. A Rochefort on se rappelle cette affreuse cité, élevée jadis à l'extrémité de l'Égypte,
lieu d'exil pour le crime, terre inhospitalière
qui n'offrait aux lèvres des coupables qu'une eau
saumâtre qui devenait pour eux une boisson em-

poisonne. Les progrès de la législation pénale marchent-ils donc si lentement qu'ils nous offrent encore après tant de siècles un tel tableau. Une autre pensée plus pénible se présente: dans un même pays, l'égalité du crime existe donc avec l'inégalité des peines. L'assassin qui a commis, sans préméditation, un meurtre dans le nord de la France, le faussaire qui est flétri au centre de notre division départementale, sont frappés moins rigoureusement par la loi que ceux qui ont commis les mêmes crimes sous le ciel du midi ou dans les villes de l'ouest. Le châtiment se gradue donc sur l'échelle géographique! Le condamné de Rochefort [1] soupire après la chaîne qu'un camarade traîne à Brest; consumé par une fièvre lente, dans sa longue agonie, il jette un regard d'envie et de regret sur Toulon.... Eussé-je jamais cru qu'on pût appliquer à un bagne le

*Dulces moriens reminiscitur Argos* [1]

[1] Les condamnés qui sont au bagne de Rochefort sont presque tous amenés des départemens du midi et de l'ouest. Ceux de Toulon et de Brest viennent des départemens du nord ou du centre

# CHAPITRE II.

## LA COUR DE BAGNE.

> D'où vient ce tremblement soudain qui me
> saisit et redouble à chaque pas qui m'appro-
> che de cette prison sépulcrale? Jamais je ne
> me suis vu entouré d'objets si lugubres;
> jamais je n'ai senti mon ame saisie d'un effroi
> plus glaçant.
>
> MERVAV.

Arrivé à Rochefort, je restai quelques jours
combattu par le désir de visiter le bagne, et une
certaine émotion indéfinissable qui me détournait
de cette douloureuse inspection. Je pressentais
l'horreur du tableau. Plusieurs fois je me dirigeai
vers le port, et à peine étais-je près d'y pénétrer,
que, prenant une autre direction, je me trouvais
sur le rempart Martrou, ou dans les longues
avenues du jardin public. Au malaise que me
faisait éprouver la vue de ce séjour se joignait

aussi la crainte des obstacles. Pour visiter ce lieu de misère je ne voulais point avoir recours à l'autorité administrative. Je redoutais surtout l'empressement de certains chefs qui, servant la curiosité du visiteur, s'en établissent les guides officieux, moins pour lui en montrer l'ensemble, que pour lui en masquer quelques détails. Il me devenait difficile de pénétrer dans la cour du bagne, et j'avais même à redouter la consigne qui ne permet à aucun étranger d'entrer dans le port sans en avoir reçu l'autorisation. J'avais vu, la veille, plusieurs voyageurs repoussés par les gardi os. Un chapeau ciré et un extrême négligé levèrent cette première difficulté. Je passai près du factionnaire qui me prit sans doute pour un homme d'équipage d'une gabarre à la veille de partir pour Cadix. Quand j'entrai dans le port la première fois, il était une heure : le calme avait succédé depuis un moment au bruit des travaux. Tout était tranquille ; les ouvriers avaient quitté l'ouvrage, et étaient en ville pour prendre leur repas... Quelques matelots se rendaient à bord, des groupes d'officiers de marine se promenaient ; les sentinelles, dont la surveillance devenait moins nécessaire, s'étaient rapprochées pour causer entre elles. L'œil parcourait une vaste étendue, et ne découvrait encore rien qui annonçât le tableau de souffrances que je venais chercher. Je parcourus rapidement la distance qui me séparait du bagne : j'arrivai à la grille; nouvel obstacle pour la franchir. Ici l'ordre est plus sévère; il eût été inutile de chercher à tromper les regards des gardes-chiourmes. Je fus sur le point d'avoir recours à la visite d'usage faite au commissaire du bagne, dont les bureaux sont dans la cour. J'allais m'y décider, quand j'aperçus venir à moi l'agent comptable d'un bâtiment de transport. Il m'avait déjà offert ses bons offices : son titre d'employé à l'administration de la marine lui donnait la facilité d'entrer; il me servit de *cicerone*. A sa voix la grille tourna sur ses gonds pesans; le garde-chiourme porta la main au bonnet de police, et nous entrâmes dans la cour du bagne. C'est un carré long qui doit avoir à peu près trois cents pieds dans un sens et cinquante dans l'autre. A la droite est le bâtiment du bagne, qui forme dans toute la longueur deux salles ou plutôt deux gouffres infects. Le moment n'est point encore venu d'y pénétrer; contentons-nous des détails du dehors. Dans la cour, une allée de jeunes arbres donne quelque abri, une nappe jaunâtre d'un gazon brûlé

par le soleil offre l'aspect d'une nature qui se flé-
trit dans ce lieu de supplice. Quelques forçats à
*chaussette* errent dans la cour ou sont couchés
isolément au pied des arbres. Quelques hommes
à figures sinistres se promènent, une redingote
bleue boutonnée jusqu'au cou; un large chapeau
de paille noire couvre la tête de quelques-uns;
leur main est armée d'un bâton : leur regard se
porte à chaque instant sur le cadran de l'horloge qui marque les heures de la captivité.
Un de ces *adjudans* (tel est le titre qu'on donne
à ces chefs de brigade de sûreté) fait un signe
à plusieurs subalternes en uniforme bleu ; ceux-
ci s'avancent un marteau à la main, et se placent
sur une escabelle. Les chefs promènent encore
leur œil sur l'aiguille qui marque les heures des
condamnés ; deux de ces adjudans se posent
dans les énormes fauteuils en fer fixés de chaque
côté de la porte du bagne, emblème de la servitude et du joug qui pèse sur le coupable : en
face, deux pièces d'artillerie chargées à mitraille
commandent la soumission. Le moment de la
révolte serait le signal du massacre général. A la
gauche de la porte du bagne s'élève un auvent
sous lequel se tient un cantinier qui vend du pain
au condamné. Un coup de sifflet se fait entendre;

l'homme autorisé à calmer la faim du condamné qui paie, le garde qui doit le surveiller s'il songe à fuir, le sbire qui doit le frapper s'il bouge, le soldat qui doit le mitrailler s'il se révolte, tous sont à leur poste; deux heures sonnent; la grille s'ouvre : un bruit affreux se fait entendre; on ne peut le décrire. Il y a près d'un an qu'il a frappé mon oreille, il me laisse encore un souvenir, comme celui d'un pénible cauchemar... Ce murmure de voix, cette diversité d'accens, ce choc de chaînes, c'est le bruit de la vague qui, dans une mer houleuse, se brise sur le rivage, si la vague apportait avec elle des chaînes, et que le froissement des anneaux se mêlât au roulement du galet. La salle Saint - Gilles est ouverte : on ne peut peindre davantage ce mouvement d'une nuée de condamnés sortant d'un lieu infect, se jetant au devant de l'air, toutes les têtes arrivant en même temps à la porte, toutes les bouches béantes, cette sinistre variété de physionomies, ce faisceau de bonnets rouges. Les gardes-chiourmes compriment cet élan : les juremens, les coups de canne font renaître l'ordre. Chaque forçat, suivi de son camarade de chaîne, sort à son tour; il pose le pied sur l'escabelle dont j'ai parlé; le garde-chiourme frappe deux coups de marteau sur la chaîne, pour s'assurer si le boulon est intact et la clavette sans fracture. Trente couples ont déjà subi l'épreuve ; ils se placent en rang dans la cour. Tous ont le bonnet, la longue veste à basques et le gilet rouge ; leur tête est presque rasée. Le pantalon en toile grise marqué devant et derrière des initiales G A L qui se croisent avec des ancres couleur de rouille ; sur le soulier, le mot *galérien* tracé au poinçon ; telle est la livrée du forçat. En passant devant les adjudans, le galérien ôte son bonnet, heureux quand un coup de canne ne prévient pas ou ne récompense pas son acte d'humilité. Déjà les condamnés ont formé trois pelotons dans la cour ; le tambour se fait entendre, un renfort de gardes-chiourmes arrive : le sabre au côté, l'arme au bras, ils s'arrêtent, se rangent en bataille. La salle Saint-Antoine s'ouvre ; les hommes qui en sortent d'un pas lent ont tous le bonnet vert, leur costume se distingue par une manche brune qui sort de la veste rouge. Ce sont les condamnés à perpétuité, ou ceux que la justice tient sous sa verge pendant vingt ans, ou ceux encore qui appellent par leur insubordination une surveillance plus active. Ils se rangent du côté opposé aux bonnets rouges ; quelques-uns, usés par les fatigues ou l'insalubrité du

climat, traînent avec peine leurs lourdes chaînes,
tandis que d'autres qui ont l'habitude de la
souffrance, ou que la nature a doués d'une force
extraordinaire, s'élancent lestement après la visite de leur chaîne, et rejoignent en courant les
camarades rangés dans la cour. Quelques-uns
d'eux s'approchent de la boutique du dépensier.
Des plaisanteries s'échangent de part et d'autre.
L'un se plaint du poids du pain qui lui semble
faible, et dit : « Tu finiras par perdre la pratique
des chevaliers de la guirlande[1]. » Un autre se
glisse sous la chaîne traînante du couple qui se
trouve devant lui, puis revenant sur ses pas, il
forme un nœud qui joint sa chaîne à celle d'un
autre couple. Quatre condamnés se trouvent ainsi
liés ensemble ; les efforts que les trois autres font
pour se délivrer excitent l'hilarité ; le gros rire devient général ; l'adjudant accourt, et, confondant
dans le partage de ses corrections, le plaisant et les
victimes de la facétie, il fait tomber sur les épaules
des uns et des autres une grêle de coups, jusqu'à
ce que son bras fatigué et sa canne rompue

---

[1] Allusion à la chaîne que porte le condamné, et qui du pied, remontant à la ceinture où elle est fixée, retombe en décrivant un demi-
cercle dont l'autre extrémité est rattachée à la ceinture du camarade
de chaîne.

mettent un terme au supplice des patiens. Le
calme se rétablit. La compagnie des gardes-
chiourmes armés rompt les rangs, et se partage
entre les bandes de condamnés ; les adjudans
comptent les couples, les disposent deux à deux ;
un coup de sifflet part, c'est le signal de la marche. Un condamné avait laissé tomber un morceau
de pain qu'il tenait à la main ; il interrompt un
moment la marche, se baisse, un garde-chiourme
court sur lui, lève sa canne, frappe ; le coup porte
sur la borne à droite de la grille du port, et le
bâton brisé vole en éclats. « Tu l'as échappé belle,
Noirot, » dit-il au Toulousain qu'il aurait mutilé
s'il l'eût atteint. La victime de sa brutalité le regarde d'un œil morne, avec le flegme de la stupi-
dité, et répond en souriant et en ôtant son bonnet :
« C'est vrai, sergent. » Le sbire saisit le moment
où la tête du condamné est nue, il lui assène un
vigoureux coup de poing en lui disant : « Celui-ci
y est bien. » Le Toulousain regarde cet homme,
rejoint son rang, en ajoutant machinalement :
« Ah oui, sergent ! » Tous les forçats franchis-
sent la cour du bagne ; ils entrent dans le port, et
chaque couple, sous la surveillance d'un homme
armé, se rend aux travaux. Je suivis par un mouvement de pitié la victime de la brutalité du garde

chiourne. Combien je dus m'étonner de l'impassibilité qu'il opposait aux mauvais traitemens, quand j'appris qu'un accès de colère avait motivé la condamnation de cet homme, et qu'à la suite d'une rixe dans laquelle son adversaire avait perdu la vie, il avait été conduit à Rochefort ! Qui donc a pu subitement glacer le sang bouillant de cet homme? La livrée du bagne. Le bonnet vert a imprimé sur lui le sceau de l'idiotisme.

# CHAPITRE III.

## LES FORÇATS DANS LE PORT

> J'admets, comme une partie de la punition, la
> longueur du travail et les efforts qu'il exige, mais
> il y a des bornes à cet emploi même : elles sont
> posées par la nature.
>
> PASTORET.

Les forçats sont entrés dans le port : chaque
couple, conduit par un garde-chiourme, se rend au
travail qui lui est destiné; chaque chef d'une partie
de l'administration ou des travaux fait la demande
d'un certain nombre de condamnés, et aux heures
du travail ils sont distribués selon les besoins du
service : « Treize couples pour la nouvelle forme ! »
s'écrie l'adjudant, et treize couples comptés à plusieurs reprises se détachent et prennent la direction qu'on leur prescrit. « Sergent! un renfort
de quatre à la corderie et trois *chaussettes* à la

poulierie! » et sept condamnés se dirigent vers
ces deux ateliers: Tous ceux qu'on envoie aux
travaux qui se font dans l'intérieur des magasins
sont des *rouges*; les *verts* restent en troupeaux
exposés à l'ardeur d'un soleil dévorant; la pioche
en main, ils aplanissent le terrain sur lequel
doit s'élever une nouvelle forme; d'autres, attelés
au nombre de dix ou de douze, traînent péniblement les énormes charpentes qui servent à la
construction des bâtimens en chantier. La brutalité des conducteurs ne se ralentit point un
moment : le supplice est continuel pour le condamné. On châtie l'inexpérience qu'il montre
dans un état dont il n'a jamais fait l'apprentissage; monté sur une pile de poutres, en laisse-t-il
tomber une, sans la soutenir avec un levier qu'il
n'a point appris à manier, il est précipité du
haut en bas par le bourreau qui le surveille.
La plainte lui est interdite, elle deviendrait rébellion. Si les forces lui manquent pour supporter le poids énorme d'un cordage dont sa
tête est chargée, d'un bras vigoureux le garde-
chiourme le pousse, et il va tomber avec son far-
deau sur les faisceaux de gueuses [1], ou roule dans

---

[1] Pièces de fer fondu qui servent de lest aux bâtimens.

la fange que la Charente dépose sur son rivage...

Ceux des condamnés dont les services sont préférés par les divers chefs de construction sont les *verts*; presque tous sans espoir, l'avenir ne leur offre qu'une continuité de supplices. Peu de condamnés, même à vingt ans, se nourrissent de la consolante persuasion qu'un jour ils seront libres. Ce n'est que sur l'aptitude au travail, sur une longue persévérance à être utiles, qu'ils fondent l'espoir d'une amélioration dans leur sort. De-là l'énergie qui soutient leurs corps e par toutes les privations; de-là cette sorte d'ému. lation semblable à celle des bêtes de somme qui imprime plus de force au coup de collier. Souffrir sans se plaindre est devenu le principe pratique de ceux à qui l'esclavage n'a point encore ravi la faculté de penser. Dans les travaux les plus pénibles, alors que leurs muscles sont fortement tendus, que la sueur ruisselle de toutes les parties de leur corps, on les voit sourire quand le gardien jette sur eux un coup-d'œil satisfait. Il n'est pas sans exemple qu'un d'eux soit tombé exténué de fatigue, en voulant mériter une gratification de quelques grammes de pain, ou une faveur de trente centilitres de vin ou de vinaigre. De quelque côté que se tournent les regards dans le port, ils sont douloureusement affectés; il y a dans tout ce qu'il renferme une teinte de tristesse qui vient en partie de la couleur de sang qui partout y est répandue. L'œil est sans cesse en contact avec la veste rouge qui, jetée tantôt sur un tertre de terre, tantôt sur un arbre, semble doubler le nombre des condamnés; mais il rencontre encore l'éclat monotone de l'ocre qui recouvre les *formes* et les gigantesques bâtimens en chantier, *la Dryade* et *le Duguesclin*. Toutes les guérites des factionnaires sont peintes en rouge, et le soir, quand les derniers rayons du soleil viennent en prolonger la teinte sur le garde-chiourme, on dirait que l'homme des exécutions s'enveloppe d'un manteau sanglant.

Pendant plusieurs jours j'avais parcouru le port, visité tous les magasins, saisi l'ensemble des travaux, et surveillé spécialement quelques détails; il en était encore un qui m'avait échappé: dans une grue, dite à tympan, qui sert à la décharge des navires, est un tambour qui se met en mouvement par le poids d'un homme qui le gravit en courant. Dans une semblable machine plusieurs condamnés étaient haletans, noyés de sueur; la corde qui se roulait sur elle-même par le mouvement qu'ils imprimaient à la

grue amenait sur le rivage les pièces de canon d'un
brick qu'on désarmait. Le long de la corde jusqu'au rivage, un grand nombre de condamnés
aidaient au jeu de la machine. Ceux qui étaient en-
fermés dans la grue commençaient à ne plus pouvoir agir, car ils étaient exténués de fatigue;
il fallut donc avoir recours aux moyens ordinaires, et les coups redoublés tombèrent sur
ces malheureux; ce n'était point alors sur les
épaules, selon l'habitude, que le garde-chiourme
frappait; les forçats courant sur un plan incliné,
présentaient, par le mouvement imprimé au
tambour, tantôt la tête, tantôt les jambes, au
bâton de l'exécuteur; le sang jaillissait, et quand
la pièce d'artillerie arriva à sa destination, que
la roue de la grue arrêtée permit aux condamnés
d'en descendre, c'était un spectacle horrible de
voir ces figures déchirées sur lesquelles la sueur
se mêlait avec le sang; les condamnés se jetèrent
contre terre pour se rafraîchir, et au moment où
ils reprenaient haleine, un coup de canne les
avertit de servir de relais à une espèce de traî-
neau chargé de pierres que huit autres camarades
avaient amené jusque-là, et qu'il fallait conduire
à l'extrémité du port. Ils *s'attelèrent* et partirent. D'autres condamnés, au nombre de

douze, travaillaient au pilotage, tiraient la corde d'un *mouton*, qui fixait en terre un énorme pieu. Les mouvemens, d'abord mal réglés, ne donnaient point au coup l'aplomb nécessaire à son effet. « Allons, les vieux ! dit un des condamnés, en avant la chanson de *la Veuve !* [1] » Et il préluda à un chant qu'ils répétèrent tous. Il y avait dans la cadence traînante de l'air quelque chose de lugubre qui eût glacé le cœur alors même qu'il n'eût pas compris l'horrible sujet de ce chant. Quelques mots que j'ai pu saisir de ce patois méridional, mélangé de quelques mots du langage des prisons, me firent penser que c'était quelque hymne funèbre en l'honneur des camarades morts en place de Grève. La mesure de chaque phrase est calculée sur l'espace de temps que le mouton met à frapper la poutre. Trois fois il retombe, et la troisième mesure qu'il marque ( la plume se refuse à tracer un semblable détail) signifie le coup fatal du glaive de la justice. Celui qui entonne le chant prélude ainsi :

Oh, oh, oh, Jean Pierre, oh !
Fais toilette;

[1] La *veuve* est le nom sous lequel, dans leur langage, les condamnés désignent la guillotine.

V'la, v'la le barbier, oh, oh! [1]

## Ici le mouton frappe, le chœur reprend :

Oh, oh, oh, Jean Pierre, oh!
V'la la char

## Le mouton s'abattant, marque encore une reprise :

Ah, ah, ah, ah!
Faucher Colas [2].

En ce moment, la corde est lâchée simultanément par tous les travailleurs; le billot, enlevé avec plus de force par un élan général, retombe lourdement. Le garde-chiourme écoute en souriant ce chant qui paralyse sa férocité; il bat la mesure avec sa canne, et marquant légèrement la cadence avec ses lèvres, il répète entre ses dents la dernière phrase musicale.

---

[1] Ce n'est là que la traduction à peu près fidèle de ce chant, dont il est difficile de savoir et surtout de comprendre tous les mots.

[2] Signifie couper le cou.

# CHAPITRE IV.

VISITE A M. CR********, COMMISSAIRE DU BAGNE. — SES OPINIONS
— SON CARACTÈRE.


L'insensibilité ne saurait être un bien.
LA CHAUSSÉE.


J'HÉSITAI quelques jours à entrer en relation
avec le chargé en chef de la surveillance du
bagne. Je connaissais sa rigidité. Je ne con-
servais qu'un faible espoir de percer le mystère
dont il environne son pouvoir exécutif. Cependant, persuadé qu'il me communiquerait quelques détails qui m'étaient indispensables, je me
déterminai à lui écrire. Le lendemain je me présentai à son bureau, dans la cour, et vis-à-vis du
bagne. Ma lettre l'avait informé de mon désir de
m'entretenir longuement avec lui. J'allais renouveler ma demande de vive voix, il la prévint.

3*

« Impossible, Monsieur, me dit-il, de vous satisfaire; êtes-vous porteur d'autorisation du ministère? » Sur ma réponse négative, il ajouta : « Je reçois de fréquentes visites. Des membres de sociétés philantropiques, des députés, des publicistes viennent souvent auprès de moi; je les conduis partout où leur curiosité peut être excitée, mais je ne dois qu'à l'autorité les secrets des registres. » La porte du bureau était restée ouverte, M. Cr....... se promenait de long en large; j'étais appuyé sur son bureau, des sergens et des caporaux de chiourmes étaient assis dans la petite salle d'entrée qui sert de vestibule. Quelques couples de condamnés, attirés par la voix forte et l'expression brève du chef du bagne, s'étaient approchés et prêtaient une oreille attentive. La conversation suivante s'engagea entre M. Cr....... et moi :

« Les observations que j'aurais désiré faire, ne me semblent blesser en rien la sévérité de la règle à laquelle vous asservissez votre gestion. Les seuls renseignemens que je réclame sont relatifs au nombre des condamnés renfermés dans ce bagne, à l'influence salutaire du châtiment sur quelques-uns d'entre eux, et enfin à l'utilité industrielle dont ils sont susceptibles lors de leur mise en liberté ; utilité qu'on ne peut apprécier en calcul que par la connaissance exacte du tableau des professions.

» — Je conçois votre plan. Vous vous proposez l'établissement d'une maison de refuge, d'un asile pénitentiaire.

» — Nullement ; je trace la marche à suivre pour élever de nombreux ateliers secrets, d'où la défiance et le mépris ne repousseront point l'homme sorti du bagne. Il n'en redoutera point l'approche. Là on n'exigera point de lui la pénitence, ni une nouvelle servitude : il sera libre. Plus heureux que le réfugié des maisons de Genève et de Philadelphie, parvenu à la moitié ou aux deux tiers de son existence, il n'aura point à faire un nouvel apprentissage ; le métier auquel il se livrera, après sa faute expiée, sera le même que celui auquel il se livrait avant de l'avoir commise ; il n'aura point à redouter le regard public. Confondu dans la foule des citoyens, c'est dans sa retraite, au milieu de sa famille, que la main bienfaisante de l'administration ira lui porter son travail journalier [1].

---

[1] Il ne m'est point permis de développer ici le plan de la Société

» — Ce rêve est beau, mais le réaliser....

» — Ce sera l'œuvre de la persévérance. En France les idées généreuses naissent rapidement, mais on manque de l'énergie d'exécution. Il ne faut qu'un homme qui se roidisse contre les obstacles, qui, sans s'effrayer des objections théoriques, les détruise par la mise en œuvre d'une telle entreprise.

» — Aucun forçat libéré n'acceptera vos offres.

» — Plus de deux cents attendent avec impatience l'exécution de ce projet, et quelques-uns jouissent déjà en secret de son heureuse influence.

» — Pensez-vous en faire d'honnêtes gens?

» — J'en ferai des hommes paisibles, par intérêt; quelque perverse que soit l'ame d'un condamné à temps, la peine des travaux forcés lui fait une impression telle que si, dans le monde où il rentre, il peut se dérober au mépris et à la faim, il ne reviendra jamais au bagne.

» — Soumis par la force, ils n'obéiront jamais qu'à la force. C'est mon système de surveillance. Quand j'entre au bagne, Monsieur, je laisse mon cœur à la maison.

des *Ateliers secrets*. Une haute protection, une persévérance soutenue assureront bientôt l'accomplissement d'un vœu formé par l'humanité.

» — C'est pourquoi peut-être les évasions sont si fréquentes à Rochefort.

» —L'homme qui reste six mois au bagne est perverti sans retour.

» — Je nie cela. Mais si le condamné apprend tout excepté le bien, je pense qu'il n'en faut point chercher la cause ailleurs que dans le classement de ces malheureux, dans le mélange des couples. L'assassin lié au faussaire, le voleur de grand chemin à l'escroc, l'homme qui a posé peut-être par faiblesse le pied dans le chemin du crime avec celui qui en a parcouru tous les sentiers, enfin tous les degrés de la perversité confondus, font au bagne un enseignement mutuel de tous les vices. Quelle difficulté se présenterait donc dans une division bien distincte? »

Ici, M. C......... se promenait à grands pas.

« On a écrit, reprit-il, beaucoup d'articles éloquens sur cette matière, ainsi que sur le système de la vigilance qu'on prouvait être préférable à celui de la sévérité (et il en revenait toujours à ses principes de rigidité); mais toutes ces brillantes théories sont loin de me séduire; je les lis, je les admire, mais je ne les applique pas.

» — Ne pourrais-je pas converser quelques momens avec plusieurs condamnés?

« — Impossible! Mes instructions sont formelles et rigoureuses sur cet article.

« — Quoi, Monsieur, sous les yeux d'un gardien, dans le tambour qui sépare les salles Saint-Gilles et Saint-Antoine, je ne puis adresser quelques questions, porter quelques consolations à des hommes que la loi n'a point jetés hors de la sphère de la pitié! Une parole de commisération ne peut donc pénétrer dans le bagne?

« — Cela distrait les condamnés. »

Ce mot me fit sourire malgré moi.

« Dans le port je puis au moins m'arrêter à demander au condamné que je rencontre quelques détails sur ses anciennes occupations, sur ses moyens d'existence avant qu'il les trouvât dans le crime. Veuillez m'autoriser à me recommander de votre nom auprès des gardes-chiourmes qui éloignent les étrangers quand la conversation se prolonge.

« — Même difficulté que je ne puis lever. Je m'offre à vous servir de guide quand bon vous semblera. Nous visiterons tous les détails du bagne; nous passerons tous les condamnés en revue; nous goûterons les alimens, les boissons.

« — Mais, Monsieur, ce n'est point en inspecteur qui a un compte à rendre, ni en fournisseur qui cherche à connaître le boni d'une adjudication, que je veux visiter le bagne. Libre à vous de me cacher le hideux tableau du coupable endurci et persévérant dans ses égaremens. Je comprends que la solitude rende sa réflexion plus sombre et son remords plus actif; mais s'il en est ici un seul qui jette sur la société un œil de regret, qui voulût y rentrer pour y faire amende honorable, un seul dont le cœur ne soit pas entièrement corrompu; laissez-moi l'aborder, peut-être la vue d'un homme libre lui rappellera-t-elle le charme de la liberté; peut-être ferai-je germer dans son cœur le désir de l'honorer quand il l'aura recouvrée.

» — L'autorité......

» — N'a pu vouloir que le condamné fût privé de consolations. Qu'on lui retire l'or que la pitié donne, je le conçois : il pourrait corrompre ses gardiens. Mais qu'on n'éloigne point de lui les paroles consolantes; qu'il soit permis d'accoutumer son oreille aux accens de la morale et de la religion. L'autorité supérieure, qui veille sur les bagnes, n'a jamais prononcé contre le forçat un tel arrêt. Pour lui elle est, elle doit être paternelle. Tout ce qui émane d'elle, tout ce que son œil scrutateur inspecte, tout ce que sa main prépare, prouvent sa sollicitude. Le vin, qui soutient le forçat dans ses pénibles travaux, est d'une qualité supérieure; le froment est presque pur dans le pain qui le nourrit; le linge de corps est semblable à celui de nos troupes; la chaussure du condamné est faite avec soin pour le préserver du froid et de l'humidité. Ce n'est donc que dans les détails administratifs que l'arbitraire ou la cruauté se montre. »

Je laissai échapper cette exclamation : *Si j'étais commissaire de bagne !*

« — Eh bien? reprit M. Cr.......

» — Je me croirais autant appelé aux fonctions de médecin de ces âmes corrompues qu'au ministère de gardien [1], ou plutôt je réunirais ces deux fonctions. L'homme qui conserve cette place sans se flatter de la pensée qu'il fait du bien à l'humanité, doit être bien à plaindre. « Quand la loi a prononcé, s'il reste à l'homme quelque droit, c'est d'adoucir, par sa conduite envers l'infortune, l'exécution nécessaire d'un châtiment mérité [2]. »

» — Je l'ai pensé quelquefois aussi, me dit-il; j'ai aussi quelques exemples à fournir à l'appui.

[1] Le commissaire du bagne est ordinairement un commissaire de marine de seconde classe.

[2] M. Pastoret.

Le bagne n'est pas un séjour si terrible qu'on le représente. J'ai vu des vieillards, que la loi jetait hors des bagnes lorsqu'ils avaient atteint leur 75° année, me conjurer en pleurant de ne les point envoyer dans les maisons de force.

» — C'est qu'il est des souffrances corporelles auxquelles on s'habitue tellement, qu'on en redoute davantage une moins cruelle qu'on n'a pas encore éprouvée. Certes le vieillard qui ne travaille plus, sur lequel le sbire même n'oserait lever la schlag, est plus heureux au bagne. Il jouit de l'air, la variété d'un port le distrait, et puis on s'habitue à ses fers. Cela ne prouve rien en faveur du bagne de Rochefort; mais si votre bonté s'étend sur les infirmes, pourquoi ne pas aussi la faire partager aux valides, pourquoi ne pas permettre les consolations de l'amitié?

» — Ici tous les liens sont rompus! »

Je lui fis observer qu'un exemple frappant du contraire s'était présenté la veille, et qu'une jeune fille était venue demander à son père condamné à perpétuité son consentement à son mariage, et qu'elle n'avait point voulu s'éloigner sans avoir reçu la bénédiction du forçat [1].

---

[1] Voyez, dans l'ouvrage, le chapitre intitulé la Fille du Forçat.

M. Cr........ ignorait ce fait ; je le lui appris.

Je lui citai encore la femme d'un condamné de Thouars dans la Vendée, qui venait tous les ans souhaiter la fête à son mari détenu à perpétuité. « La loi serait-elle violée si ce malheureux pouvait se livrer aux épanchemens du cœur avec la compagne qui ne l'abandonne point dans le séjour de la honte? Si cet homme, rentré dans le bagne, devient coupable des vices les plus honteux, doit-on jeter sur lui seul la culpabilité? Les détails que je viens chercher dans les bagnes, continuai-je, je les aurai sans le secours de ceux qui me les refusent.

« — J'en doute.

« — Votre réponse aurait dû être : *Je le désire.* »

Je me levai; M. Cr........ me reconduisit jusqu'à la porte, toujours en parlant à voix haute. Je lui manifestai de nouveau l'intention de connaître ceux des condamnés qui méritaient quelque égard... Son dernier mot fut que si des autorités supérieures me donnaient l'autorisation, il obéirait.

Les cinq ou six couples de condamnés qui nous avaient écoutés dès le commencement de la conversation, s'étaient augmentés de plusieurs autres. En descendant la marche du bureau de M. Cr......., ils avaient entendu distinctement mes dernières phrases ; je me trouvai au milieu de ce groupe ; ils me regardaient avec curiosité. Quand je passai, ils se rangèrent sur une ligne, ôtèrent leurs bonnets, et jusqu'à la grille j'eus cette escorte dont les regards se portaient alternativement sur moi et sur le bureau du commissaire avec une expression bien différente. Je sortis de la cour du bagne, et je remarquai que plusieurs n'avaient remis leurs bonnets que quelques secondes après que je fus éloigné. C'était un hommage à celui qui les plaignait. Ils comprenaient la reconnaissance ; ces hommes-là n'étaient point arrivés au dernier degré d'avilissement!!!

---

# CHAPITRE V.

## ANTHELME COLLET.

Il prit, quitta, reprit la cuirasse et la haire.

VOLTAIRE.

Le personnage, qui par sa célébrité attire le premier coup-d'œil du visiteur des bagnes, est Anthelme Collet. Sa présence n'inspire point l'horreur. En cherchant ce grand coupable, on se rappelle ces mots qu'il dit à ses juges : « S'il m'avait fallu pour pourvoir à mon existence verser une seule goutte de sang, vous ne me verriez point aujourd'hui sur les bancs de la Cour d'assises. » Ce n'est qu'avec un sentiment de curiosité mêlé d'inquiétude qu'on approche de la chaîne qui retient l'assassin, et l'étranger cherche, avec une sorte de complaisance, la chiourme où respire le chevalier d'industrie le plus fin, le plus singulier qui ait jamais figuré dans les annales de la justice.

Un incident étrange s'est présenté dans le procès qui a conduit Collet aux travaux forcés. Une prévention de récidive pesait sur l'accusé. Un Collet dont le signalement était en parfait rapport avec celui d'Anthelme Collet, avait été précédemment condamné par la Cour de Grenoble à cinq années de travaux forcés, et, après avoir fait son temps, il était rentré dans la société. Il importait beaucoup de savoir si les deux Collet n'étaient qu'un seul et même coupable : l'accusé niait l'identité, l'avocat-général la soutenait. Le Collet condamné à Grenoble avait été flétri des lettres T. F. Le prévenu que la cour du Mans allait juger, n'avait point sur l'épaule ce stigmate de honte [1]. Nous verrons le système de défense

---

[1] Dans son résumé des débats, M. le président de la Cour a convaincu MM. les jurés de l'identité qui existait entre Collet prévenu et Collet condamné à Grenoble. Il a fait observer que l'empreinte de la flétrissure ne se trouvant plus sur l'épaule de l'accusé, c'est que sans doute il avait les moyens de la faire disparaître, ou que peut-être il avait réussi à obtenir de l'exécuteur de la haute justice de n'être pas marqué, ou de l'être assez légèrement pour que cette empreinte pût s'effacer.

La Cour, ayant déclaré Collet coupable de récidive, l'a condamné à vingt ans de travaux forcés, au carcan et à la flétrissure.

qu'il employa, lequel ne triompha point auprès des membres du jury. Les détails de l'histoire de Collet, qui suivent, sont en partie tirés du discours qu'il improvisa lui-même au tribunal.

Né à Bellay, département de l'Ain, Collet fut élevé par le curé de Saint-Vincent à Chalons-sur-Saône; placé au Prytanée de Fontainebleau, il en sortit à dix-huit ans avec le grade de sous-lieutenant. Capitaine, aide-major au 45e régiment de ligne, il fut blessé au siége de Brescia, en Italie; peu de temps après, il déserta et se rendit à Rome. Un jour qu'il visitait le monument de Saint-Pierre, il rencontra au milieu de l'église le secrétaire du cardinal Fesch; il lia conversation avec lui et se fit connaître comme officier français. Ce secrétaire était l'abbé Foë, aumonier du cardinal; il présenta Collet à Son Eminence qui l'accueillit et l'invita à venir souvent la voir. A peine admis dans la maison, Collet déroba dans le secrétaire du cardinal des modèles d'actes de prêtrise, pour s'en servir au besoin. Le cardinal Fesch étant parti pour la France, et ayant donné ordre à deux religieux et à un aumonier de venir le rejoindre sous la conduite de l'abbé Foë, Collet partit avec eux. A Turin l'abbé Foë lui apprend qu'il est dénoncé et poursuivi comme déserteur, Collet reçoit de ses mains un passe-port signé *Fesch*, douze sequins, quitte la route, se rend à Coni, et se retire à la campagne.

Je laisse continuer le récit à Collet : « Après avoir dépensé une partie de mon or et ne sachant comment vivre, je me procurai une soutane, et à quelque distance de là, à l'aide de ce déguisement, j'empruntai quelque argent à un ecclésiastique.

» Réfugié dans les montagnes du Piémont et enhardi par mon premier succès, je me fabrique une soutane violette avec l'aide de deux femmes, et me voilà évêque, entouré des hommages de toutes les ames dévotes du pays qui s'empressent de pourvoir à mes besoins. Je loue une voiture assez brillante et je me rends à Nice. Je me présente à monseigneur l'évêque qui me reçoit très-affectueusement ; je lui montre la bulle de ma nomination que j'avais fabriquée moi-même. Il veut me faire célébrer la messe, je m'y refuse par humilité. Il était sur le point de faire l'ordination d'un très-grand nombre de prêtres. Pour faire honneur à ma qualité, il m'invita à les ordonner en sa place, je refusai par scrupule ; il insista beaucoup : enfin, pour ne pas me démasquer, je consentis, après beaucoup de difficultés, à faire l'ordination de trente-trois prêtres et d'autant de diacres et de sous-diacres. Je m'étais fait d'abord un cas de conscience d'usurper ainsi les fonctions d'évêque, mais bientôt je me tranquillisai en réfléchissant que la fraude serait tôt ou tard découverte, et que les prêtres que j'avais faits seraient ordonnés de nouveau. Je me disais à moi-même : Cette ordination est comme une mauvaise pièce de monnaie dont la fausseté ne tarderait pas à être reconnue, et bientôt elle sera retirée de la circulation. Après l'ordination je prêchai : je récitai tout bonnement un sermon de Bourdaloue que je débitai pour la huitième fois et qui me fit porter aux nues. Cependant mon évêché était peu productif, et il fallait songer à me procurer d'autres moyens d'existence. Pour comble de malheur je fus dénoncé : j'achetai une voiture et je pris la fuite ; des gendarmes, qui avaient mon signalement, passèrent auprès de moi, je leur donnai ma bénédiction et ils se retirèrent religieusement. Je pris le nom de dom Passerali. Je fis recrue d'un grand-vicaire qui me croyait évêque de bonne étoffe. Avant d'arriver à la première ville qui se présentait sur notre route, je fis troner ma voiture à coups de pistolet ; je répandis ensuite dans le pays que j'avais été volé et dépouillé. On fit une quête pour moi, elle me produisit huit mille francs : je songeai à employer cette somme à me procurer un sort tranquille. Là finit ma carrière apostolique, et probablement j'aurais cessé de faire parler de moi sans un concours de fatalité qui ne me permit pas d'exécuter mon dessein. Je voulus tâter des dignités militaires. C'était en 1810 : je me fis une commission d'inspecteur-général, et me présentai à un commissaire des guerres, en lui disant que j'avais la mission d'inspecter ses registres. Son étonnement fut extrême en voyant que je n'étais annoncé par aucune lettre officielle. Je lui répondis que ma mission exigeait le plus grand secret, je pris un ton de maître, et il devint doux comme un mouton ; j'en pris avantage et lui ordonnai de me faire précéder et annoncer à Nîmes par une estafette, avec ordre de me compter des fonds considérables pour l'organisation de l'armée de Catalogne ; cette armée de Catalogne, c'était moi : tout cela s'effectua. J'étais bardé de décorations, et il ne m'en coûtait pas plus d'en prendre beaucoup que d'en prendre une seule. Du reste je quittai le commissaire des guerres très-content de moi. Dans la conversation je m'étais targué, comme on le pense bien, d'un très-grand crédit, et je lui avais promis de lui faire avoir le cordon de la Légion-d'Honneur; il me combla de politesses et de remercîmens.

• A Nîmes, je pris dans la caisse du receveur-général ? à 300,000 francs. J'eus encore d'autres sommes dont je ne me rappelle pas le montant. Enfin j'arrivai à Montpellier et je puisai encore dans la caisse du gouvernement; mais le ministre, instruit des enlèvemens du numéraire faits par le prétendu inspecteur, avait envoyé l'ordre de m'arrêter.

• Un jour que j'avais passé une revue à six heures du matin, j'étais allé voir le préfet; je lui avais témoigné ma satisfaction de la bonne administration de son département et avais promis de lui faire obtenir le grade de grand-officier de la Légion-d'Honneur. Il était au comble de la joie, mais malheureusement pour lui, il vit bientôt que je ne pouvais réaliser ma promesse, car une heure après, je fus arrêté avec vingt-deux officiers que j'avais trompés, qui s'étaient empressés de me suivre et qui composaient mon état-major. Ces officiers, qui n'étaient certainement pas coupables, ne sortirent qu'au bout de deux mois de la prison où ils n'auraient jamais dû entrer.

« Quelques jours après, le préfet, qui avait nombreuse compagnie à dîner, voulut pour divertir ses convives leur procurer le plaisir de voir celui qui avait si bien joué le rôle d'inspecteur-général, et avait abusé aussi adroitement de sa crédulité. Il me fit amener chez lui. On me dépose dans une office qui n'avait d'issue que par la porte d'entrée à laquelle on place deux gendarmes; mon projet d'évasion est bientôt conçu; je quitte mon habit, je prends la veste, le bonnet de coton et le tablier du cuisinier; je m'empare de deux plats garnis, frappe du pied contre la porte, les gendarmes m'ouvrent; je passe devant eux sans être reconnu, et sans les regarder, je traverse la salle à manger, et je me sauve en marmiton. Le cuisinier revient à l'office, ne trouve plus ses vêtemens ni ses plats, se plaint, crie bien haut; on accourt, on me cherche, et tout le mystère de mon évasion est éclairci.

« Le préfet fait courir après moi, promet 10,000 francs à celui qui me livrera mort ou vif, et je reste tranquille pendant plus d'un mois dans une maison près de la préfecture, de laquelle je voyais tous les jours le préfet faire sa toilette.

« Il fallait fuir ; je le fis. Je me rendis à Saumur, là je me créai chirurgien aide-major, à l'aide d'un Traité d'ostéologie de Sabatier ; mais j'étais sobre de remèdes pour ne pas causer la mort à ceux que je ne pouvais guérir.

» Je parcourus successivement le Valais et d'autres pays limitrophes de la France quand je me crus obligé de la quitter. J'y rentrai peu de temps après et j'errai dans le département de la Dordogne. Je rencontrai le Collet qui venait de subir les cinq années de travaux forcés auxquels il avait été condamné à Grenoble. J'éprouvais le besoin du repos, et pour l'obtenir je sus braver l'infamie. J'échangeai mes papiers contre les siens. C'était en 1818 au mois de juillet : je passai pour le Collet forçat libéré. »

Dans le département de l'Arriége, Collet mit à contribution une corporation religieuse par un moyen qui prouve la fertilité de son imagination et l'audace de ses entreprises. Il se présente, le 12 février 1819, chez le sieur Antoine Ferré, supérieur des écoles chrétiennes de Toulouse, et, sous le masque de la plus grande humilité, il lui remet deux montres en or et deux paires de lunettes dont une montée en argent ; il lui dit être riche de 4,000 livres de rente et vouloir fonder un noviciat. Quelques jours écoulés, Collet fait une nouvelle visite au révérend Père, s'accuse de ne lui avoir pas dit toute la vérité, en ce que, au lieu de 4,000 livres de rente, il en possédait réellement 20 à 24,000. Collet se rend le lendemain chez M. Lajus, marchand à Toulouse ; il est couvert de décorations, se donne pour avoir été sous-préfet dans le département de l'Ain, vante ses richesses, achète une superbe pendule sous le prétexte d'en faire don au directeur et termine par faire consentir au négociant une promesse de vente, moyennant 33,000 francs, d'une maison de campagne pour en faire un noviciat. Il a le secret de faire naître à tel point la confiance, qu'en terminant sa visite il est déjà maitre des clefs de la propriété. Peu de jours après, les ouvriers sont sur les lieux pour faire des réparations et de nouvelles distributions ; un mur entier est démoli sous les yeux même du propriétaire. Cependant celui-ci commence à concevoir des inquiétudes, Collet lui-même craint le dénouement de l'aventure, voici comment il la termine. Un jour au réfectoire, il dit aux frères : « Mes frères, vous avez commis des indiscrétions ; pour vous en punir et vous mortifier, il faut que vous alliez au noviciat faire vous-mêmes les dé-

molitions nécessaires pour nos travaux. » Tous les
frères s'y rendirent à cet effet, Collet s'était reposé de la surveillance des travaux sur le directeur. Il profite de son absence; une voiture avait
été préparée, Collet y monte, s'évade, « ne me laissant, ajoute le crédule supérieur dans sa naïve
déclaration, que mes lunettes pour y voir plus
clair une autre fois. »

Le tribunal de Toulouse paya ce nouveau tour
de Collet de dix années d'emprisonnement (par
défaut).

Pendant que le glaive de la loi menaçait le
contumace, il s'était réfugié à la forge de Blessac.
Il s'était logé à l'auberge. « L'hôte, dit Collet,
était un bon homme à qui je fis croire tout ce que
je voulus. Mon séjour dans cette auberge fit
beaucoup de bruit dans le canton. Le maire me
crut un homme exilé pour cause politique; il me
soupçonna même d'être l'ex-empereur Napoléon.
Tout le monde me visitait comme un personnage
important, et m'offrait plus d'argent que je n'en
pouvais désirer. Le maire me prévint charitable-
ment que je devais me répandre dans le monde
avec plus de précaution, que je pouvais être assassiné, et que si cela arrivait, on ne pourrait
faire de poursuite, vu que cet acte semblerait avoir

été nécessité par les circonstances. Je partis de cet endroit pour éviter des éclaircissemens qui ne pouvaient m'être avantageux.

» Arrivé à la Roche-Beaucourt, je pris un appartement chez le commissaire de police, pensant bien qu'on ne viendrait pas là me chercher. Le brave homme reçut mon signalement ; il lui fut impossible de croire que ce fût moi qu'il eût l'ordre de faire arrêter; il n'en eut pas même l'idée, et je restai chez lui dans la plus grande sûreté. »

L'heureuse étoile de Collet va maintenant pâlir. Sous le nom de Gallat, il achète à Mareuil la terre de la Roche-Beaucourt; au Mans, il avait fait l'acquisition d'un cheval et d'un cabriolet qu'il paya d'un billet signé du faux nom de Gollot; il avait souscrit encore un autre effet sous ce même nom. Les aveux d'un domestique apprennent au maire de Mareuil que Collet est précisément le Gollot et le Gallat que la justice cherchait sur tous les points de la France.

Arrêté et amené au Mans, Collet, en avouant le faux dont on l'accusait, nia se trouver en état de récidive; il ne put convaincre les jurés, et entendit avec une impassibilité peu commune l'arrêt qui le séquestrait pour vingt ans de la société.

Collet a traîné sa chaîne de bagne en bagne, de Toulon à Brest, de Brest à Lorient, de Lorient à Rochefort. L'œil vigilant des commissaires a cherché à pénétrer ce qu'il nomme le mystère de ses économies ou plutôt de ses réserves. On croit généralement que Collet est détenteur de sommes assez considérables. A Brest, on assure qu'un envoi de 10,000 francs qui lui avait été fait, fut arrêté au moment où il arrivait à destination.

Pourquoi devons-nous ajouter que souvent la barbarie servit d'auxiliaire à la surveillance, que plus d'une fois on augmenta les tortures de ce condamné pour lui dérober son secret : comme si on eût voulu l'avertir qu'il pouvait marchander chacun des chaînons qui lui pesaient, et s'alléger du poids de fer que la loi lui impose par un égal poids d'or que la société ne réclame plus ?

# CHAPITRE VI.

QUELQUES ÉVASIONS. — HISTOIRE D'ARIGONDE, DE PASPAR, DE
BLREAU CADET, DE DEMAZE, etc., etc., etc.

Quelle loi pourrait empêcher un esclave de fuir ?
MONTESQUIEU.

C'EST surtout au bagne que se manifeste l'amour
de la liberté. La crainte des supplices ne peut
l'éteindre. Il faut avoir vu les difficultés nombreuses que les forçats ont à vaincre, la surveillance redoutable qu'ils ont à tromper, pour se
persuader qu'il faut presque du génie pour se
soustraire à la captivité des galères, et cependant il n'y a pas de semaine où quelques évasions ne viennent attester le défaut de vigilance, et la supériorité qu'aura toujours le captif
qui rêve la liberté sur le gardien qui obéit à
la consigne en faveur de l'esclavage. La dispa-
rition d'un forçat est presque un prodige, il y a
quelque chose de magique dans les moyens qu'il

emploie pour tromper le regard, non-seulement des gardiens qui l'épient, mais souvent même des camarades qui l'entourent et quelquefois de celui qui est accouplé avec lui. La dernière évasion de Jean Arigonde arrivée sous mes yeux au mois de septembre, m'a laissé un souvenir d'étonnement extrême. J'étais à causer avec le forçat Collet, un sous-officier vint me signifier de la part de l'adjudant l'ordre de m'éloigner. J'insiste. « Puisque Collet est au repos, lui dis-je, je ne trouble en rien l'ordre du travail. — Aujourd'hui, me dit-il, nous avons une consigne des plus sévères. Il y a de fréquentes évasions, et il n'y a qu'un moment encore, l'homme qui était auprès de vous.... (J'entendis à ce moment les trois coups de canon, signe d'une évasion.) — Comment! le *bonnet vert* qui tenait une pioche, ce jeune condamné qui souriait! — Il est parti. — Mais il était enchaîné. — Sa chaîne est restée, elle est là, sa veste aussi; regardez... L'adjudant tient à la main le bonnet qui couvrait sa tête. » Je m'approche de l'officier et il me montre une touffe de cheveux, reste de ceux dont le fugitif venait de se couvrir pour cacher sa tête rasée, suivant la règle du bagne. « Comment! en quelques minutes, sous vos yeux même, et dans l'emplacement le moins encombré du port ! — Ce n'est pas son coup d'essai. — Etait-il à perpétuité ? — Non, mais peu s'en faut ; car en énumérant les diverses évasions pour lesquelles il a été condamné à une augmentation de trois années de peine , et les nombreuses récidives de ses délits, le total de ses années de condamnation s'élève à 52. » J'obtins quelques détails sur cet intrépide coupable. Il est d'origine suisse , sa première condamnation fut prononcée par la Cour d'assises du département de la Haute-Garonne, le 14 mai 1824, pour com- plicité de vol nocturne à l'aide d'effraction et de fausses clefs.

Il s'échappe du bagne , un mois après il est condamné à dix ans d'emprisonnement ; plus tard reconnu comme forçat, il est ramené et condamné à trois ans de prolongation de travaux forcés pour son évasion. Il s'échappe de nouveau , et ne tarde point à être condamné , comme étant en état de récidive et pour vol, à vingt ans de travaux forcés. Reconduit encore au bagne , il est condamné à trois ans pour le fait de sa nouvelle évasion. Le 16 juin 1827, il se trouve de nouveau accusé d'une fuite, faisant partie d'environ trente-six couples de forçats travaillant à l'empilement des bois à l'extrémité du port et près du mur de clôture ; il profite d'un instant favorable, et de concert avec quatre autres galériens, il brise ses fers, s'en débarrasse, place un fort madrier sur la pile et sur le mur en forme de pont, et s'élance à terre avec ses compagnons. Le mur avait quatorze ou quinze pieds de hauteur. Le dernier qui tenta l'évasion, fut vu au moment où il s'élançait hors de l'enceinte; aussitôt les gardes de crier, de courir. Les fugitifs n'avaient pas assez d'avance, ils sont arrêtés sur le bord de la rivière qu'ils voulaient mettre entre eux et leurs gardes; un d'eux fut saisi au milieu des flots par un marin qui montait un canot. Pour cette dernière évasion Arigonde subit une prolongation de trois années; les autres, condamnés à perpétuité, ont été mis à la double chaîne, et y resteront encore deux ans et six mois[1]. Moins heureux que leur camarade, ils expient leur tentative par cette cruelle captivité, et le chef Arigonde, qui trouva dans l'augmentation de sa peine une nouvelle force pour tenter encore les chances d'une fuite mieux combinée, respire maintenant l'air de la liberté, heureux s'il échappe long-temps aux recherches souvent dirigées par d'anciens camarades libérés ou

[1] La Gazette des Tribunaux m'a fourni le détail des condamnations d'Arigonde.

fugitifs eux-mêmes, qui espèrent, par une trahison, mériter une indemnité ou une commutation de peine. Arigonde est âgé de vingt-un ans, il porte une physionomie spirituelle, il s'énonce avec facilité. D'après le calcul des condamnations encourues par lui, s'il est ramené au bagne cette année, il n'en sortira que vieillard, et l'heure de la liberté ne sonnera pour lui qu'alors qu'il aura atteint sa soixante-douzième année.

L'histoire des évasions formerait un énorme volume. Celui des condamnés qui fournirait les pages les plus curieuses, serait le célèbre forçat à vie, André dit Fanfan. La série de ses crimes n'offre aucune particularité intéressante. Il a commis des vols nocturnes avec menace de violence et de faire usage d'armes dont ses complices étaient armés. C'est la captivité, la gêne des chaînes qui a rendu Fanfan un des plus illustres personnages des bagnes. Il fut long-temps la terreur des gardiens. Le regard s'écartait-il un moment de lui, bientôt trois coups de canon avertissaient les brigades voisines de gendarmerie de courir après le plus rusé des condamnés. Un garde-chiourme brusquait-il Fanfan : « Demain, disait-il, tu ne me frapperas plus. » Et douze heures écoulées, Fanfan était dans les champs sous un tas de foin ou blotti dans le grenier d'une ferme. Fanfan avait-il un rendez-vous d'amour ou un projet d'orgie? Le billet de faire part de son évasion partait en même temps que lui, et ils arrivaient ensemble à destination. Quand il disait à un camarade : *Le pied me démange*, c'était le signe infaillible d'un départ prochain. Soumis à une surveillance des plus sévères, sans cesse sous les yeux d'un garde-chiourme ou d'un renard [1], placé sur le banc à côté du sbire, Fanfan, reconduit au bagne après une évasion, conçut encore le dessein de vivre un moment en liberté. Se glisser par la ruse au nombre de ceux des camarades qui travaillent dans le port était devenu impossible, l'œil du garde-chiourme faisait une trop sévère inspection des figures au moment de franchir la grille de la salle. « S'il existait, se disait Fanfan dans ses rêveries, un souterrain qui, traversant toute la largeur de la cour du bagne, eût une issue dans le port, il ne serait point impossible avec un peu de patience, en me glissant la nuit sous mon banc, de faire dans la muraille une saignée qui me conduisit à la liberté.... » Une difficulté se présentait, elle eût arrêté tout

[1] Nom de ceux des condamnés qui sont les agents de la police du commissaire du bagne.

autre que Fanfan : ce souterrain n'existait pas.
Fanfan se propose de le creuser. Qu'on juge
de la difficulté d'une telle entreprise et de la
longue patience qu'elle exige. Fanfan n'est arrêté
ni par la longueur du travail, ni par la privation
d'outils, ni par la crainte qu'un grain de terre ou
de plâtre trouvé dans le bagne ne trahisse la dé-
molition. Il désigne plusieurs camarades pour
partager avec lui les chances de l'évasion; mais
seul il en prépare les voies, et quand la nuit vient
plonger dans le sommeil les forçats, que le dernier coup de marteau qui ferre le condamné sur
son banc a retenti; Fanfan d'une main adroite
défait un des chaînons de ses fers; il se glisse sous
son banc, et, à l'aide de quelques clous, ébranle
d'abord une large pierre de taille, puis attaque
le sol, creuse la terre, remonte de moment en
moment sur son banc pour faire acte de présence
en cas de visite, redescend presqu'aussitôt sans
que le moindre bruit, le moindre choc éveille
la surveillance. Plusieurs mois avaient été consacrés à cette œuvre de patience, et pendant
ce temps, chose incroyable qu'on n'oserait affirmer si les gardiens eux-mêmes ne l'attestaient,
les surveillans n'aperçurent aucune tache de plâtre provenant de la dégradation du mur, ni au-

cune trace indiquant une extraction de terre.
Quand le jour suspendait le travail, Fanfan repla-
çait avec une telle adresse la pierre qui masquait
son trou, qu'il eût été impossible, même en la regardant avec soupçon, de penser qu'elle fût seulement ébranlée. La trahison vint mettre obstacle à
l'accomplissement de la tentative; un des confi-
dens de Fanfan se fit condamner au cachot pour
une légère faute; se dérobant ainsi aux regards du
chef de l'entreprise, il manda le commissaire
du bagne, et lui dévoila les projets de Fanfan.
Alerte aussitôt; le chef de surveillance veut
prendre la nuit même le coupable en flagrant
délit; à minuit il pénètre dans le bagne, quelques subalternes l'accompagnent; il prête l'o-
reille, un léger grattement le guide; la lanterne
sourde s'ouvrant aussitôt laisse apercevoir Fanfan
travaillant avec activité. Le coupable est saisi,
livré à l'exécuteur et fustigé. Au milieu des tortures, Fanfan souriait encore. La dupe n'était
pas lui. Le commissaire du bagne était victime
d'une mystification; Fanfan avait des intelligences
secrètes qui lui apprirent la visite nocturne que
M. Cr.... se proposait de faire; sachant que le
commissaire, instruit de son projet, ignorait cependant l'endroit où se trouvait l'ouverture pra-

tiquée, il se garda bien à l'heure indiquée de s'y rendre; mais se glissant sous le banc à l'autre extrémité de la salle, il enleva une large pierre du mur pour faire croire que là commençait la route souterraine qu'il préparait. Envoyé à l'hôpital par suite de la bastonnade qu'il venait de recevoir, Fanfan y demeura quelque temps. Revenu au bagne, il reprit l'exécution de ses projets d'évasion et continua les préparatifs qu'il avait suspendus, et qui n'avaient point été découverts. Il était à la veille de jouir du fruit de son audace, mais la trahison le surveillait encore; cette fois elle fut plus adroite, et l'avant-veille fixée pour le départ, Fanfan fut de nouveau assailli par la brigade de surveillance. Ce ne fut point sans un étonnement mêlé de crainte que M. Cr.... jeta les yeux sur cette issue que la persévérance du condamné avait établie en si peu de temps. La profondeur du canal souterrain était de plus de seize pieds; l'ouverture peu étroite permettait à peine au corps de s'y glisser; bientôt plus à l'aise on se trouvait comme dans une petite hutte ou chambre noire; là Fanfan avait établi le vestiaire, là était le dépôt des divers habits qui devaient servir au déguisement du chef et des compagnons; le reste de la route, se rétrécissant, se prolongeait jusqu'au port. En un instant tous les beaux rêves de Fanfan sont détruits, il est de nouveau fustigé rigoureusement ; il voit la chaux et le plâtre fermer le chemin qu'il avait ouvert à la liberté. Le commissaire du bagne, redoutant sans doute qu'une seconde issue n'existât ailleurs, et soupçonnant qu'il pouvait être encore le jouet d'une ruse, fait changer les forçats de salle, envoie les *bonnets verts* dans la salle Saint-Antoine, et place dans celle Saint-Gilles les rouges moins entreprenans pour recouvrer une liberté qui ne leur est ravie que pour quelques années.

Fanfan semble maintenant avoir tourné son génie vers l'industrie et le commerce, il est un des plus adroits ouvriers en paille, et sa renommée lui assure un débit considérable de ses ouvrages.

Après Fanfan, Rostan a des droits à la célébrité. Dans l'espace de quatre ans il s'évada quatre fois. Les gardiens le jugèrent sans doute plus redoutable que Fanfan, car ils demandèrent sa translation dans un autre bagne, désespérant de pouvoir s'opposer à ses tentatives toujours couronnées de succès. Prenons note des souvenirs qu'il a laissés à Rochefort.

A l'âge de dix-neuf ans, condamné à dix ans de

travaux forcés pour complicité de vol avec effraction, il fut conduit au bagne de Lorient après
avoir fait une station de quelques jours à celui
de Rochefort. Il s'évade ; arrêté par la gendarmerie, il se donne un faux nom, se déclare déserteur d'un bataillon colonial ; l'autorité militaire
le fait diriger sur l'île d'Oleron où se trouvait le
deuxième bataillon d'Afrique. Arrivé à Rochefort, il est reconnu malgré ses moustaches par
un garde-chiourme, et le forçat fugitif reprend la
livrée du port. Il est mis à la double chaîne.
Il dérobe un coupon de toile à voile, est surpris ;
prévoyant les suites d'un rapport, il sort de la
cour du bagne, se cache près du magasin général ;
deux jours se passent sans qu'il soit retrouvé ;
mais la nature de ses habitudes fait croire qu'il ne
partira point sans commettre quelque vol. On
épie ses traces. Sur les neuf heures du soir Rostan
sort de l'atelier de la menuiserie avec une échelle,
la pose contre un mur qu'il escalade, puis se
laissant couler le long d'une dalle, il allait se
trouver dans la cour du principal établissement
lorsque deux gardes-chiourmes le saisissent par
les jambes. Il est condamné de nouveau à huit
ans de travaux forcés et à la flétrissure. Douze
jours s'écoulent, Rostan, accouplé avec un forçat.

travaillait à la fatigue. Il coupe sa chaîne, ne conserve que son anneau, prend sur ses épaules une pièce de bois de manière à masquer sa figure, traverse ainsi tout le port et s'arrête devant la corderie ; il force un des barreaux de la première fenêtre et se cache jusqu'au soir. Après le coup de canon qui précède la retraite, se trouvant seul dans ce vaste atelier, il va droit au bureau du maître cordier, y prend une redingote, une casquette, passe dans l'appartement voisin, enlève un pantalon d'une armoire qu'il ouvre ainsi que toutes les autres portes, s'occupe trois heures à limer sa *manille*, force plusieurs serrures, escalade quatre murs et se trouve dans la ville. Là, au lieu de profiter des instans, il semble n'avoir point assez fait, il sait qu'il existe dans les magasins des vivres une caisse destinée à payer les forçats travailleurs. Sur l'heure de midi, croyant ne trouver personne dans cet établissement, il s'y réfugie et se cache sous un escalier ; mais il est découvert ; pour ces derniers faits, il est condamné aux travaux forcés à perpétuité et à la flétrissure des lettres T. P., ajoutée à la marque T. à laquelle il avait été condamné antérieurement. Après ces derniers faits on le dirigea sur Brest. Quand il partit, deux gen-

darmes l'accompagnèrent ; on lui lia les pieds et
les mains, il fut étroitement garrotté par tout le
corps sur une charrette. Ce fut un jour de fête
pour les surveillans que celui qui les déchargea
d'une telle responsabilité.

Une évasion antérieure à celles dont je viens
de faire mention, est celle d'un forçat dont le
nom n'est plus aussi présent aux habitans de
Rochefort que le trait d'audace qui lui fit recouvrer sa liberté. Il fut un temps où les condamnés qu'une conduite régulière ou le repentir
rendaient dignes de quelques égards, étaient
dispensés des travaux du port, et pouvaient
être employés comme commis ou comme domestiques chez les notables habitans de la ville
et principalement chez les employés de l'administration de la marine. Ainsi, dans chaque
maison, le cuisinier, le palefrenier, l'instituteur,
le professeur de musique se présentaient avec
le bonnet de laine rouge sur la tête ; quelquefois même on les autorisait à ne conserver que
le gilet du bagne qui se cachait sous un habit
ou une veste bourgeoise. Au pied seulement un
simple anneau, emblème de captivité, trahis-
sait l'expiation d'un crime. Un forçat servit long-
temps chez M. Barbier, chef des mouvemens du

port ; croyant sincères les nombreuses protestations de retour à la vertu que lui faisait le condamné, n'ayant que des éloges à donner de la régularité de sa conduite, la confiance de M. Barbier fut bientôt assez grande pour le laisser seul à la maison. Les bontés de son protecteur étaient pour le détenu des amendemens à la sévère loi de l'esclavage, mais celui-ci rêva bientôt la liberté, et il voulut la conquérir d'une manière brillante. Ce n'est point avec le vêtement bourgeois, ou grâce à la blouse du roulier qu'il trompa les regards des sentinelles placées aux portes de la ville ; c'est sous le brillant costume d'un officier supérieur. Il étrille avec le plus grand soin un des chevaux de son protecteur, l'équipe avec luxe, se dépouille de la petite livrée du bagne, revêt l'habit de grande ordonnance du chef des mouvemens du port, pose le chapeau militaire sur sa tête, s'élance sur le coursier qui hennit d'impatience, s'approche en caracolant de la porte principale ; la sentinelle crie, le poste se place sur deux rangs, le tambour bat, on présente les armes au faux officier supérieur, il met son cheval au trot, et ce n'est qu'à Niort qu'il vend sa monture pour prendre place dans une diligence. L'alerte est donnée, le signalement court les départemens limitrophes, et le forçat met en défaut tous les limiers de la police avec lesquels il est peut-être aujourd'hui accouplé.

L'évasion de Bureau Cadet, au mois d'août dernier, a fourni quelques preuves nouvelles de l'audace qu'inspire le désir de se soustraire aux tortures du bagne. Enchaîné dans un lit à l'hôpital, objet d'une surveillance spéciale, il coupe sa chaine, s'affuble d'un drap qu'il tourne autour de son corps comme un tablier de pharmacien, cache sa tête sous une profonde casquette, passe au bout de la salle entre les deux lits où les gardes-chiourmes sont assis éveillés, rencontre plusieurs sous-officiers qui, causant en groupe, obstruaient l'ouverture d'une porte, s'ouvre un chemin au milieu d'eux, gagne le jardin derrière l'hôpital, franchit le mur, et jouit de la liberté qu'il a acquise par un trait de hardiesse peu commun.

On ne peut passer sous silence l'évasion de Demaze. Elle est l'objet d'un doute qui tient l'esprit suspendu entre l'estime qu'il accorde à une action honorable et le mépris dont il frappe ce qui est infâme. Long-temps Demaze supporta sa captivité avec résignation, il s'était habitué à la souffrance du bagne, elle semblait pour lui moins cruelle que pour tout autre. Un compagnon d'infortune accouplé avec lui fut mis en liberté après son temps expiré. Dès ce moment une sombre mélancolie s'empara de celui qui se trouvait isolé. Il résolut de suivre son compagnon de chaîne, il exécuta son dessein, il s'évada et fut rendu à celui dont la loi le séparait. On ne tarda pas cependant à suivre sa trace, et il fut bientôt repris. Quelques camarades prêtent à cette évasion le motif d'une affection infâme; d'autres condamnés, loin de flétrir cette intimité de deux coupables, l'entourent au contraire d'un certain respect, et regardent la fuite de ce condamné comme l'obéissance à un noble élan de l'ame. Oh! sans doute dans ce lieu d'exil où le corps souffre tous les supplices, où l'ame est livrée à toutes les angoisses, l'homme doit ressentir le besoin de cette sympathie qui attire la souffrance pour la diviser; il doit céder à cette force d'attachement qui confond ses douleurs avec celles d'un compagnon d'infortune..... Croyons donc que l'amitié a pu s'asseoir sur le banc du galérien; elle a rendu la chaîne de Demaze moins pesante, et le poids des fers n'est devenu insupportable pour lui qu'au moment où elle cessa d'en soulever les maillons.

Demaze, sous la livrée du crime, laisse voir

des manières aisées qui annoncent une certaine
habitude du monde; il a été quartier-maître, un
faux l'a conduit à Rochefort. Il est condamné à
perpétuité.

———◆◆◆———

# CHAPITRE VII.

JEAN-LE-BOURREAU.

*... Il y avait tout à la fois du tigre et de l'homme dans cette figure hideuse, empreinte de scélératesse et d'infamie; il devait avoir bu du sang!....*
MATURIN.

LE supplice du fouet, de la bastonnade, ou la peine des verges existait chez les anciens sous la dénomination de *tympanum.* Tantôt on faisait étendre le criminel par terre, on le frappait avec le bâton quelquefois jusqu'à ce qu'il eût rendu le dernier soupir; tantôt dépouillé depuis les épaules jusqu'à la ceinture, il présentait son dos aux coups multipliés d'un fouet de cuir de bœuf. Cet usage, que l'humanité réprouve, que la législation bannit, n'existe en France que pour l'homme des bagnes. La plus légère infraction au réglement de l'établissement, le murmure, le geste même qui prouve une souffrance, attirent sur le condamné cette punition atroce. Les forçats sont rangés sur deux rangs, le coupable vient lui-même, ou s'il résiste, est conduit par un garde-chiourme; il s'agenouille sur un banc. Jean Skibienski, forçat lui-même, condamné à vingt-ans, nommé exécuteur des hautes œuvres du bagne, lève sur le patient un bras vigoureux armé d'une grosse corde ou double garcette, et en applique suivant le délit un nombre presque toujours suffisant pour mettre le forçat hors d'état de travailler. Un raffinement de barbarie vient encore inspirer l'horreur à ceux qui assistent à ces exécutions. Déchiré par la brutalité de l'exécuteur, affaibli par les blessures, le forçat se voit privé d'une part des alimens que le réglement lui alloue, et par une justice distributive entachée de je ne sais quelle bizarre cruauté, cette confiscation a lieu au profit du bourreau!!!!

Jean Skibienski est d'une haute stature; quoique bancal, il est d'une prodigieuse force de corps. Ses fonctions terribles l'ont souvent rendu victime d'une vengeance; un coup de couteau dans la main, plusieurs autres blessures sur le corps attestent la haine qu'il inspire. Un forçat m'a assuré avec calme que Skibienski, dont le temps est bientôt expiré, ne survivrait que de quelques mois à son élargissement. *On le butera*, disait-il en son langage de prison, voulant dire qu'il serait victime d'un assassinat. Skibienski est le Brutus des bourreaux ; ni les liens de la parenté, ni les droits que l'intimité peut avoir, n'affaiblissent la rigueur de ses corrections quand la condamnation est prononcée. Son neveu, forçat comme lui, ayant mérité une bastonnade, fut, dit-on, si vigoureusement châtié par son inflexible oncle, qu'il faillit perdre la vie.

Jean Skibienski est aussi chargé des recherches minutieuses que la surveillance exerce sur la personne des condamnés. Son œil inquisiteur devine ou recherche dans quelle partie du corps un condamné peut avoir caché des limes ou autres instrumens d'évasion.

Le fugitif, qui à peine libre de sa chaîne, a été repris avant que le signal d'alarme ait fait connaître sa fuite, est livré à Jean Skibienski ; la bastonnade le punit d'avoir obéi à la première loi de la nature, il subit des tortures parce qu'il a préféré la liberté à l'esclavage. Mutilé par la barbarie d'un traitement qu'aucune loi ne légitime, c'est à l'hôpital qu'il va finir le soir le rêve de bonheur commencé le matin en limant le premier maillon de sa chaîne.

Le forçat Pitrou offre le plus hideux exemple de l'abus de la mesure atroce qui livre aux verges l'homme que la loi n'a condamné qu'à la captivité. Pitrou désire vivement la liberté; prompt à combiner les moyens d'une fuite, il échoue sans cesse dans l'exécution. Il a reçu plus de vingt-cinq bastonnades. Il est impossible d'imaginer une plaie cicatrisée plus affreuse à voir que le corps de ce forçat; depuis la nuque jusqu'au talon, il semble avoir été brûlé ou écorché.

Sa résignation à subir une semblable condamnation, son silence au milieu du supplice, son calme dans le récit même qu'il fait de sa souffrance, devraient être une preuve bien convaincante de l'inutilité d'un supplice aussi cruel : le souvenir de la punition pour une évasion manquée ne sera jamais assez puissant pour étouffer l'espoir d'une circonstance plus heureuse. Au moment où Skibienski frappe le patient, peut-être un projet d'évasion occupe-t-il sa pensée, et le dernier coup de fouet ensanglanté devient souvent le signal d'un nouveau départ. Quels hommes êtes-vous donc, qui soutenez de semblables institutions! Vous devez être bien près de la brute, s'il est vrai, comme le dit Montesquieu, *que la raison porte à l'humanité.*

# CHAPITRE VIII.

SALVADOR. — SON EXÉCUTION AU BAGNE.

> Sa vie fut un long combat contre la société, mais la société s'est enfin vengée.... Voyez là-bas cette tête sanglante.
>
> WERNER.

Un des condamnés qui ont laissé un long souvenir dans les bagnes, est Salvador. Ce forçat s'appelait, dit-on, *Jean Féret*, mais à chaque nouvelle mise en accusation, il se présentait sous un nom différent pour éviter la peine que la loi applique à la récidive.

Salvador pouvait passer pour le Cartouche du dix-neuvième siècle. Comme celui qu'il semblait avoir pris pour modèle, il était doué d'une souplesse d'imagination, d'une présence d'esprit qui le sauvèrent plus d'une fois dans sa périlleuse carrière. Il avait horreur du sang, et disait que pour un million il ne ferait point une égratignure. Il s'est échappé trente-deux fois de prison, et neuf fois des galères. Il prenait habilement tous les caractères, et s'affublait de tous les costumes ; grand et bien fait, d'une force de corps prodigieuse, d'un courage indomptable, il avait la figure belle et pleine d'expression, l'air martial ; une cicatrice qu'il portait au-dessus de l'œil droit, et une autre qui s'étendait de la tempe jusqu'au sourcil gauche, ont servi plusieurs fois à le faire reconnaître.

Les vices et les qualités que Salvador a déployés ne paraissaient pas devoir en faire un négociant ; c'était cependant cette carrière qu'il avait embrassée, et il y réussissait : il faisait un commerce étendu dans une ville du nord de la France, il était marié, et peut-être si son union eût été heureuse, aurait-il vécu honorablement dans la carrière qu'il suivait.

Salvador alla faire une tournée en fabrique pour les besoins de son commerce ; à son retour, ses magasins étaient dévalisés, sa caisse pillée, et sa femme avait fui avec un jeune commis ; on plaignait sa situation ; il avait du crédit, il pouvait se relever de ce coup, mais son malheur l'aigrit, l'exemple qu'il avait sous les yeux le tenta, il suivit le chemin qu'une femme perverse lui indiquait ; il voulut rendre aux hommes le mal qu'on lui avait fait, il se fit voleur. C'est de cette époque que 'atent les nombreuses condamnations qu'il a subies ; en 1799, il fut condamné à Paris à dix ans de fer pour vol avec effraction et à l'aide de fausses clefs ; il fut exposé. Il s'évada, fut repris en l'an 1801, et condamné pour évasion à un surcroît de trois ans. Nous le retrouvons, en l'an 1804, accusé de vol avec complicité, et condamné de nouveau à douze ans ; un autre jugement d'une Cour martiale lui fait subir une prolongation de peine pour une nouvelle fuite.

En 1805 il fut arrêté ; après avoir lutté pendant près d'un quart-d'heure contre douze agens de police, blessé, meurtri de coups, et prêt en apparence à rendre le dernier soupir, il fut conduit à la Force ; on le plaça dans une infirmerie qui donne sur la rue Pavée. Sa fermeté ne l'abandonna pas, et il égayait ses souffrances par l'espèce d'autorité qu'il exerçait sur ses confrères. Il était plus instruit, plus corrompu qu'eux, et il avait de l'argent ; il récompensait ou encourageait le crime. « Quelle est, disait-il à un condamné qui lui demandait des secours, la cause de ta détention? — J'ai volé! — Quoi ? — Une montre. — Va-t'en, malheureux. » Un autre succédait. « Pourquoi t'a-t-on arrêté ? — J'allais forcer une caisse, mais surpris... — Fort bien, prends cet or! »

Cependant sa maladie augmentait, le médecin prédisait sa mort prochaine, lorsqu'une nuit il fait un trou au mur de sa chambre, se coule dans la rue à l'aide de ses draps, et monte dans une chaise de poste qui était à quelques pas de la prison, et dans laquelle sa maîtresse l'attendait. Cette maîtresse était une femme qui, dit-on, tenait à une famille distinguée, et à laquelle il sut inspirer tant de pitié, qu'elle le suivit partout, partagea les ennuis de sa captivité, et parvint à favoriser ses fréquentes évasions.

Dans le fond de sa prison, Salvador savait attendrir ses geôliers et les gendarmes qui étaient en surveillance à sa porte. Un jour il leur demande en grâce de permettre à sa consolatrice de pénétrer jusqu'à lui, il veut souper avec elle; on se laisse fléchir, la dame entre, apportant au prisonnier quelques comestibles, une salade de céleri entre autres; des limes étaient cachées dans les côtes du végétal; le lendemain la prison était vide, et il

6·

n'avait fallu que quelques heures à Salvador pour faire sauter les barreaux de la fenêtre.

A une distance de vingt-cinq pas et en un clin-d'œil, il saisissait toutes les dimensions d'une serrure de manière à savoir quel rossignol, quelle fausse clef, il fallait employer pour la forcer.

Il se regardait comme un des chefs distingués d'un corps dont il ne craignait d'avouer ni le but, ni les moyens; il était voleur, et il s'en faisait gloire, comme aussi il se faisait un devoir de soutenir et de protéger ses confrères. Quelquefois sa manière de braver la société avait une bizarrerie moqueuse. Par exemple, dans les longs séjours qu'il a faits dans les prisons, il n'a jamais souffert qu'un condamné marchât à l'exposition dans un costume négligé ou malpropre; il voulait qu'il se présentât au carcan avec élégance, et on l'a vu vendre ses propres habits pour contribuer à la toilette de ses confrères. Il regardait avec orgueil l'ignominie de l'exposition. Il persuadait à ses affidés que cet échafaud d'infamie était un théâtre brillant.

Repris après une de ses évasions, Salvador placé sur une charrette, entouré de quatre gendarmes, les mains étroitement liées derrière le dos, était conduit dans une ville du Midi,

où il allait comparaître pour quelques vols nouveaux ; ses gardiens, dont la vigilance était assou-
pie, étaient étendus près de lui, la voiture
passait sous l'abri des arbres qui ombrageaient
la route. Salvador aperçoit une branche dont
la position verticale lui semble un moyen de
salut, il prend son temps, calcule rapidement
son élan, élève ses pieds jusqu'à la branche,
la saisit avec ses jambes, s'enlace avec elle, se
tire ainsi sans bruit du milieu des gendarmes,
et la charrette, vide de son prisonnier, poursuit
paisiblement son chemin.

Condamné en Suisse, où les peines contre le
vol sont plus sévères qu'en France, il touchait au
terme de son existence; cependant il était parvenu
à faire un trou profond qui s'étendait jusqu'au-
dessous des murs de sa prison. La veille du jour
où il devait subir son arrêt, il affecte le plus profond repentir, la résignation la plus absolue, et,
sous le prétexte d'importantes révélations, il
fait supplier le juge de se rendre auprès de
lui; il épuise tout ce que son imagination peut
lui fournir pour allonger la séance; de temps
en temps il se plaint des douleurs aiguës que
lui cause l'empreinte de ses fers, ses angoisses
deviennent surtout très-vives dans les momens où

il voit le juge attentif à l'écouter ; il parvient à émouvoir sa sensibilité, ses fers sont ôtés seulement pour le temps de la conférence, mais elle est si longue, que le juge, fatigué lui-même, cède à ses instances, et on permet au condamné de passer la nuit sans le poids de ses chaînes. La pitié prescrivait d'adoucir ses derniers instans ! Une garde nombreuse veillait ; plus de vingt portes étaient fermées sur lui, son cachot était profond, bien voûté, et toutes les issues assurées par de triples verroux.

Le lendemain on ne trouva dans ce cachot, si sûr et si bien gardé, que les hardes de Salvador qui, pour pénétrer dans le trou qu'il s'était creusé, avait été obligé de s'y glisser sans nul bagage.

Salvador gardait à ses complices une fidélité à toute épreuve, il était renommé parmi eux pour sa discrétion et pour son adresse à éloigner tous les soupçons de la police. Dans un vol de marchandises, il fut aidé par un des commis du magasin ; arrêté bientôt après, il fut conduit dans le lieu même du crime. Toutes les circonstances indiquaient qu'il n'avait pu enlever les objets volés sans avoir eu des intelligences avec les employés de la maison ; le magistrat les fait tous rassembler, et ordonne qu'on amène Salvador, persuadé que ses premiers regards tomberaient sur son complice; mais Salvador entra sans regarder personne, et voulant empêcher le coupable de se trahir lui-même : « Je ne connais aucun de ces Messieurs, dit-il, je ne vois personne ici qui m'ait aidé. »

Enfin il fut arrêté à Toulouse, et conduit au bagne de Rochefort; ses fréquentes évasions le faisaient regarder comme un des condamnés les plus dangereux, et il était entouré de la surveillance la plus sévère; lui-même paraissait las de la lutte continuelle où il était engagé, il ne voulut se soumettre à aucune discipline, il refusa de remplir les devoirs du bagne, enfin il se mit en révolte ouverte; on fut obligé d'employer la force contre lui, et dans sa rébellion il blessa un gendarme. Il n'en faut pas tant pour encourir la peine de mort. Les forçats placés hors de la société ont un code à part; à la moindre rébellion, une Cour martiale s'assemble, elle prononce sur-le-champ, et l'arrêt sans appel et sans sursis s'exécute d'une manière lugubre et imposante. Salvador connaissait le sort qui l'attendait, il paraît qu'il le brava par ennui et par dégoût de la vie. C'est en 1808 qu'il donna dans la cour du bagne de Rochefort l'affreux spectacle d'une exécution.

On fit ranger tous les forçats en ordre dans la cour longue et étroite du bagne, les *bonnets verts* furent placés en haie le plus près possible du condamné; les rouges se rangèrent en ordre le long des murailles latérales.

Salvador parut, il était insouciant et gai; il marchait au supplice qu'il avait cherché. Son exemple ne pouvait rien apprendre aux spectateurs, sinon que la mort est préférable à la vie du bagne. On l'adossa contre la muraille, une compagnie de gardes-chiourmes se plaça devant lui. Au signal convenu les échos du port retentirent, Salvador avait cessé de vivre. On fit défiler les forçats devant le corps du supplicié, comme dans une parade solennelle. Cette sentence qu'on exécute loin de la société, et sans qu'elle en soit instruite, loin de devenir une terrible leçon pour ceux qui en sont les spectateurs, réveille à peine l'engourdissement de leur ame. Si le garde-chiourme n'avertissait par un coup de canne plusieurs d'entre eux de tourner la tête vers le cadavre, leur attention s'arrêterait à peine sur ce tableau.

Deux forçats fossoyeurs enlèvent le corps de Salvador, et, sous l'escorte de gardes-chiourmes, ils prennent le chemin du cimetière. Là creusant une fosse, ils recouvrent son cadavre de quelques pelletées d'une terre dont la teinte blanchâtre annonce les nombreux tributs que le bagne de Rochefort a payés à ce champ de repos [1].

---

[1] Le bagne de Rochefort a été établi en 1766. Depuis sa création jusqu'en 1813, il y est mort neuf mille deux cent douze forçats.

# CHAPITRE IX.

CONVERSATION AVEC LE FORÇAT COLLET. — UNE COUR DE RÉVISION
AU BAGNE. — DÉTAILS.

> L'erreur, l'égarement, le vice que l'on peut
> encore ramener, ne seront plus confondus avec
> la corruption incurable.
>
> M. HYDE DE NEUVILLE (*Chambre des Députés*).

COLLET avait d'abord évité mes regards : la première fois que je le vis, c'était dans la cour du grand bagne. Il avait dit quelques mots plaisans, j'entendis un long rire gagner les rangs de ses camarades. Je le suivis dans le port, ayant le désir de lier conversation avec lui. Collet est d'une taille au-dessous de la moyenne; il a les yeux bruns, le teint basané, le nez gros et un peu épaté; le sourire est continuellement sur ses lèvres; il se familiarise facilement, et il conserve dans la conversation cette abondance de gestes dont l'habitude

lui est peut-être restée des nombreux prônes
qu'il a faits dans le temps où il s'était revêtu
des fonctions de ministre du culte catholique.
Collet, dans le port, semble jouir d'une certaine considération, soit qu'on ait quelque égard
pour lui, soit que la surveillance veuille prendre des mesures spéciales contre ce condamné; il est presque toujours isolé. Accouplé avec un autre condamné qui travaille, il est
au repos. Quand je l'abordai, il était debout
sur un tertre ombragé par quelques arbres,
il tenait à la main une bêche sur laquelle il
s'appuyait, tandis que son camarade de chaîne
chargeait une brouette et s'occupait au déblaie-
ment des terres. « Eh bien, Collet, lui dis-je,
votre peine est bien longue? — Je n'en ai pas
encore atteint la moitié, je n'ai encore fait
que huit ans; il m'en reste douze. — Il faut
de la résignation. — Je n'en manque pas. —
Vous semblez l'objet d'une surveillance bien
sévère. — C'est bien à tort qu'on me redoute; je n'ai jamais tenté d'évasion, et c'est
une précaution bien superflue de me mettre
au pied un semblable anneau. » Collet me mon-
tra sa jambe qui était entourée, près de la
cheville, d'une manille en acier trempé. « Cet

anneau, reprit-il, qu'on ne met qu'aux suspects, est beaucoup plus difficile à rompre que les fers ordinaires, et la lime ne peut les entamer. — Ainsi vous ne tenteriez pas les chances d'une fuite? — Les évasions, continua-t-il, viennent moins de l'amour de la liberté que du désespoir qui naît des mauvais traitemens. Moi, je n'ai point à me plaindre de la brutalité des subalternes; seulement j'ai parfois à essuyer quelques humiliations. Par exemple, celle de me montrer comme un phénomène aux curieux qui se promènent avec des recommandations particulières. Hier encore, le chef m'appelant au milieu d'un grand nombre de dames, je fus obligé de répondre à toutes leurs questions, de satisfaire à tous les caprices de leur curiosité. J'avais l'air véritablement d'avoir la survivance de la girafe. Un personnage marquant avait sollicité quelque adoucissement à ma position : « Il a fait labourer » le clergé, répondit un de nos chefs, il faut » qu'il laboure à son tour. » Facétie cruelle dans la bouche d'un homme qui n'a plus le droit de rappeler une faute, quand l'expiation en commande l'oubli ! » Puis revenant à l'idée de l'évasion : « Si j'eusse eu l'intention de fuir le bagne, il y a long-temps que mon projet eût été mis à exécution. Il m'eût suffi de faire placer ici sept ou huit de mes anciens domestiques en qualité de gardes-chiourmes. — Quelles sont vos occupations? — J'ai beaucoup lu l'hiver dernier. L'aumonier du bagne m'a prêté quelques volumes; je faisais la lecture à haute voix; j'écrivais, j'ai fait de nombreuses notes sur l'administration. J'avais intention de les faire parvenir à ceux qui s'occupent d'améliorer notre triste position. Le général Foy vint nous visiter il y a quelques années. Un tel homme eût été à même d'apprécier la plainte des condamnés; mais il me fut impossible de lui faire parvenir le Mémoire que je préparais, et peu de temps après il me fut enlevé par ordre! » J'avais demandé à Collet si parmi les condamnés il y en avait qui ajoutassent foi aux menaces de déportation qui depuis quelques années se font entendre? « Si la France a des projets de colonisation, je pense, me dit Collet, qu'elle doit les exploiter au profit des honnêtes gens avant d'en abandonner les bénéfices à des criminels. Expatrier le coupable dans le sens de ceux qui proposent la déportation, c'est garantir la société des crimes dont le forçat la menace après sa mise en liberté. Eh! Monsieur, a-t-on d'abord cherché à atteindre ce but sans qu'il oit besoin de nous entasser à fond de cale, ou de nous enchaîner au pied du grand mât pour un voyage lointain, qui ramène au bagne le forçat libéré? Plus que l'habitude de la perversité, plus que l'inclination au mal, c'est la misère, c'est la faim, c'est le mépris qui le suivent et s'attachent à lui. A peine est-il dans un atelier où il peut manier la lime ou la scie, dans une ferme où il vaque à la garde des bestiaux, dans une famille chez laquelle il est soumis aux lois de la domesticité, trahi par l'attirail indispensable des signalemens, par la brutale indiscrétion des agens subalternes de la police, le libéré est dans une inquiétude continuelle ; jeté d'atelier en atelier, de village en village, d'antichambre en antichambre, accusé partout, repoussé partout, il ne voit plus qu'un asile, c'est le bagne ; qu'une clef pour en ouvrir l'accès, c'est le fer ; qu'une recommandation pour y être admis, c'est le crime. » Collet, qui a la mémoire meublée de faits curieux, me citait à l'appui de ce raisonnement des faits nombreux dont quelques-uns m'étaient connus. « Un de nous, après sa peine expirée, avait obtenu d'entrer comme ouvrier dans les ateliers de serrurerie de M. G***, rue des Fossés-du-

Temple, à Paris; c'était un excellent mécani-
cien. Sa conduite était exemplaire; la crainte
de rencontrer en ville quelque compagnon de
chaîne qui pût trahir son ancienne position
redoublait encore son assiduité au travail. Forçat libéré, il devait aller faire tous les mois
acte de présence à la police. Soit oubli, soit
dégoût qui lui fit remettre de jour en jour cette
démarche pénible, il s'abstint un mois de remplir cette formalité. Un exempt de police se
présente un jour à l'atelier, s'irrite, élève la
voix contre le retardataire, et loin de prendre
aucune mesure pour tenir son malheur secret,
il met bientôt tous les ouvriers dans la confi-
dence. Dès ce moment, l'homme qui jouissait
de l'estime et de l'amitié de tous devient l'objet
du mépris. La demande de son expulsion est
faite à M. G*** ; chacun menace de s'éloigner si le
forçat ne se retire pas. Celui-ci vient trouver le
maître qui l'avait accueilli. En vain lui représente-
t-il ses titres à la pitié; M. G*** lui fait concevoir
qu'il ne peut obéir à sa compassion; qu'il reçoit
la loi de ses ouvriers. — Eh bien! s'écrie le
forçat, je ne réponds plus de moi; je pars......
et je deviendrai ce que les circonstances vou-
dront. Depuis ce temps, on n'entendit plus parler

du forçat. Peut-être aura-t-il subi une nouvelle condamnation ; peut-être dans les bagnes de Toulon ou de Brest fait-il partie des *chevaux de retour* [1].

» Tous les jours, continua Collet, des faits semblables accusent le besoin d'un nouvel ordre de choses. Un calcul certain donne le résultat de près de vingt mille forçats libérés qui promènent annuellement en France leur pénible existence. Les deux tiers au moins sont ou ont à redouter d'être dans la position du forçat dont je viens de vous parler. Les autres sont arrachés à la tentation du mal, parce que dès leur sortie du bagne, aidés par des moyens d'existence indépendans du mépris public, ils ont pu se tracer une ligne qu'aucune circonstance ne pourrait rompre. Ainsi voit-on dans les villes quelques libérés revenir dans la voie de la probité. Tel qui a été repris de justice, s'il fût sorti du bagne avec les moyens d'élever un petit fonds de négoce, rentrant dans la société sans avoir besoin de sa pitié, à défaut d'estime, il eût obtenu le repos. C'est l'opinion qui souvent est coupable des crimes commis par l'homme qu'elle accuse

[1] On nomme *chevaux de retour* les forçats qui, après une mise en liberté, subissent une nouvelle condamnation.

après l'expiation de sa peine. Que de fois a-t-on pu l'appeler à rendre compte des terribles conséquences du mépris qu'elle jette sur le libéré, et des suites de la proscription à laquelle elle le condamne! Ici les exemples se pressent en foule : Un forçat sort du bagne de Brest, la honte semble rejaillir plus vive sur les enfans quand la chaîne du chef de la famille est brisée ; le fils abandonne la profession industrielle qu'il exerçait, il s'enrôle dans un régiment ; le motif de son engagement est bientôt connu, la vie militaire lui devient dès ce moment à charge ; exposé aux railleries de ses camarades, il n'a bientôt plus d'autre ressource que celle de se jeter dans les bandes des gardes-chiourmes d'un bagne, et peut-être, ajoute Collet, le père ramené à la chiourme par un nouveau crime, condamné à mort par nos Cours spéciales maritimes, si expéditives, trouvera-t-il, pour dénouement de ce drame, son fils au nombre des exécuteurs [1]? Rappelons-nous encore, continua Collet, ce forçat libéré de Niort, ce jeune Villiers, qui fut assassiné parce qu'il avait refusé d'entrer dans les

---

[1] Jusqu'ici les forçats du bagne de Rochefort, condamnés à mort, ont été fusillés.

bandes de la police; cet autre dans le Pas-de-Calais, qui, privé de la nourriture que la pitié lui refuse, commet un vol avec effraction, et se livre lui-même à la justice pour s'assurer a perpétuité les *alimens du bagne*; et ce forçat qui, spolié à Marseille des moyens d'existence que jusqu'alors il avait trouvés dans l'enlèvement des immondices, plonge son couteau dans le cœur de celui qui le réduisait à la faim et au crime. »

J'avais demandé à Collet s'il pensait qu'il y eût au bagne un grand nombre de condamnés ouvriers ou industriels sur le repentir desquels on pût faire foi, et quel était le moyen de découvrir ce qu'il y avait de moins impur dans cette écume sociale. Collet se mit à sourire. « Ce serait là le cas, ajouta-t-il, de mettre à exécution un projet que j'ai conçu, celui d'établir ici une cour secrète de révision. Les juges siégeraient en costume rouge, car c'est parmi les condamnés qu'il faudrait les prendre. Il n'y a pas un jury en France plus à même d'apprécier la culpabilité d'un condamné que le camarade de bagne; pour lui les replis du cœur des compagnons de chaîne ne sont plus secrets, l'estime réciproque chez un semblable peuple se mesure à l'échelle de la moralité. Quand un *perpétuité* [1] méprise un *rouge* [2], le rouge ne parviendra jamais à la célébrité du crime. — En est-il que vous ayez absous parmi les condamnés? » Collet éluda la question, mais il ajouta : « Il en est plus de deux cents dont j'ai commué la peine, sans cependant qu'ils s'en doutent, et sans qu'ils en soient plus libres; en revanche, continua-t-il, il en est aussi qui traînent la chaîne, et que je juge dignes d'être *buttés* [3]. Regardez de ce côté, en voici que je gracierais. » Il me montrait quatre jeunes condamnés qui lancèrent un vigoureux coup de pied à un camarade qu'ils rencontrèrent sur leur passage. « Pour se soustraire au châtiment d'un délit qu'ils avaient commis, ils ont avoué un crime dont ils n'étaient pas coupables; celui qu'ils maltraitent les a compromis; sous une vaine espérance de grâce il a chargé la déposition sans s'épargner lui-même, et ils paient tous cinq la dette d'une complicité qui n'existait pas.

» Regardez cet autre à gauche : pour une pièce d'or, il a juré qu'un accusé était absent le jour d'un

[1] Mot consacré pour signifier un condamné à vie.

[2] Condamné à temps.

[3] Exécutés. En termes de prison on nomme la guillotine le butte.

7*

crime, mais celui qu'il voulait soustraire au châtiment, plus timide, fait un aveu sincère, et le
témoin vient achever au bagne son acte de dévouement coupable.

» Dans chaque classification de crimes, il y a
quelques individus véritablement dignes de pitié;
les vols domestiques, les crimes de fausse monnaie, de faux, de recel, ont à fournir de nombreuses preuves de la trop fréquente application
de la peine des travaux forcés. »

A ce moment deux Nègres passèrent auprès
de nous, à peu de distance l'un de l'autre.
Collet, en jetant un coup-d'œil sur eux, fit un
hochement de tête; et se tournant vers moi, il
ajouta avec un geste expressif : *Si monsieur
Isambert le savait!...* J'attendais l'explication
de ces mots que je regardai comme un hommage
rendu à l'éloquence et à la philantropie dans
un lieu où l'on semble devoir le moins comprendre ce qu'a d'honorable et de glorieux
le triomphe obtenu par le défenseur des hommes
de couleur de la Martinique. Collet allait sans
doute me faire connaître quel nouveau droit à
la reconnaissance M. Isambert pouvait acquérir
à Rochefort, quand trois coups de canon, signal
d'une évasion, se firent entendre. Les gardes-

chiourmes s'approchèrent de nous : « Eloignez-vous, Collet, » cria un sergent. Collet m'ôta son bonnet vert, reprit sa bêche..... « C'est *Arigonde* qui s'évade, » me dit-il, et il se mêla dans la foule des condamnés.

# CHAPITRE X.

## L'INTÉRIEUR DU GRAND BAGNE.

*Hinc exaudiri gemitus et sæva sonare*
*Verbera ; tum stridor ferri tractæque catenæ*
*rum. Æneid., lib. vi.*

Laissons les forçats à leurs pénibles travaux ,
et visitons l'asile ou plutôt le hangar infect où la
vigilance les renferme quand l'heure de la sus-
pension de travail sonne pour eux. Pénétrons
dans l'intérieur du grand bagne. Un vestibule ou
tambour sépare les deux salles. Chacune de ces
deux salles, qui étaient jadis des magasins de
tonnellerie, renferme à peu près cinq cents
cinquante forçats. La salle Saint-Gilles est ré-
servée aux condamnés à temps ; celle nommée
Saint-Antoine ne contient que les condamnés
à vie ou à vingt ans. A peine a-t-on franchi
la grille, que la respiration devient pénible.

les paupières, attaquées par des miasmes fétides, se meuvent avec peine ; l'odorat est en contact avec le gaz d'une atmosphère infecte. Quel tableau hideux !...... Le premier objet qui frappe les yeux, est le lit sur lequel le forçat repose : c'est un banc en bois élevé sur un plan incliné à environ deux pieds et demi au-dessus du plancher des salles. C'est là que le condamné se jette après les fatigues du jour, comme la bête fauve qui rentre dans sa tanière ; en proie à toutes les souillures de la malpropreté, sans autre préservatif contre le froid ou la dureté de sa couche qu'un lambeau d'une grossière étoffe de laine grise ( le capot ) qui, ployée en deux, peut à peine envelopper son corps. Le forçat ne peut dépouiller la livrée du crime, le réglement s'y oppose ; ses membres pendant le sommeil sont condamnés à la gène des vêtemens ; jamais un drap bienfaisant ne peut détendre ses muscles fatigués, ni rafraîchir son sang brûlé par les tortures ; son pied est attaché à un anneau que la main d'un sbire-forçat vient sceller au banc. La vigilance a pris toutes ses précautions, le condamné peut-il espérer maintenant quelques heures de calme?.. Non. La surveillance qui ne serait point barbare croirait être coupable. De fréquentes inspections viennent troubler le repos du condamné, des coups redoublés de marteau interrogent à chaque moment de la nuit ses fers sur une tentative d'évasion. Souvent une décharge d'armes à feu, dans l'intérieur même du bagne, vient troubler le calme du sommeil pour avertir le forçat non coupable de rébellion de ce qu'il aurait à craindre s'il le devenait. Ce cri d'alarme, ou plutôt ce *garde à vous* d'un nouveau genre, est de l'invention d'un agent en chef de la surveillance, il marque autant de démence que de cruauté. Les subalternes singent le maître; et le garde-chiourme, dont souvent l'ivresse double le zèle, frappa plus d'une fois d'une manière atroce le malheureux qu'une alerte subite réveilla. Peut-être rêvait-il la clémence royale ou la miséricorde divine, le forçat qui, peu de jours avant que j'arrivasse à Rochefort, fut mutilé dans son sommeil par le sabre d'un gardien enivré. Ce malheureux conserve sur la figure la profonde cicatrice qui accuse le cerbère de la plus lâche cruauté.

Au milieu de la salle, un forçat, occupé à des écritures, à des comptes, dresse des états, remplit les fonctions dont le titulaire est désigné sous le nom de *payot*; il distribue les vivres,

fait la paie, exerce les retenues suivant les réglemens, c'est à la fois un quartier-maître ou plutôt
un fourrier du bagne et un écrivain public ; il
est chargé par les camarades de leur correspondance ; il implore la pitié d'une famille qu'un
homme coupable déshonore ; il tâche d'obtenir du
maire d'une commune, l'apostille qui facilite au
forçat devenu libre la rentrée dans ses foyers.
Plus d'une fois les payots ont abusé de la facilité qu'ils ont de transmettre les demandes de secours d'argent. Il y a peu d'années qu'un d'eux,
après s'être initié à tous les secrets de famille, les
exploita à son profit ; après avoir écrit à ceux que
les liens de la parenté unissaient aux coupables,
il ajouta au bas de chaque lettre la signature
contrefaite de celui pour lequel il sollicitait, et ne
tarda point à devenir maître d'une somme assez
considérable ; déjà il se disposait à rompre son
banc, la lime avait avancé le moment de son
évasion quand il fut découvert.

Entasser les condamnés dans ces hangars infects, priver les salles de réclusion de la salubrité
que le moindre soin leur rendrait, n'est-ce pas
ajouter des maux à la sentence des magistrats?
Que dire maintenant des forçats condamnés à la
peine, ou plutôt au supplice de la double chaîne?

Fixés au pied de leur banc, ils ne peuvent s'en écarter que de la longueur de leurs liens; deux fois dans le jour ils voient leurs camarades plus heureux aller dans le port. Sans doute des travaux bien pénibles attendent ceux qui sont à la *fatigue*, mais au moins ils respirent, leurs poumons peuvent se remplir d'air vital, leur course s'étend assez loin pour donner de l'exercice à leur corps; mais Chambreuil [1], Gérard, Fanfan, entendent les heures sonner auprès d'eux sans qu'elles leur apportent même l'espoir des terribles fatigues du port. On redoute ces condamnés, tant de fois ils ont mis la surveillance en défaut! tant de fois ils ont brisé leurs fers! Est-ce agir avec discernement que d'isoler le condamné dont on craint l'évasion? Sans doute la surveillance est plus facile quand elle ne se porte que sur un seul individu, mais quelle constante activité dans l'imagination de l'homme séquestré! Condamner le forçat à la solitude, c'est le rendre ingénieux; dans le port, à peine a-t-il le temps de comparer son état de

---

[1] Ce condamné se fait appeler le marquis de Chambreuil. Toutes les recherches faites n'ont pu, dit-on, lever les doutes que laissent son nom et l'origine qu'il se donne. Il est condamné à perpétuité. Il est d'une belle taille, âgé à peu près de cinquante ans; son air est affectueux; il fait des vers, et plus d'une personne de distinction conserve

captivité avec celui de la liberté ; sans cesse occupé, forme-t-il un désir d'évasion ? Distrait par la continuité du travail, il ne peut combiner une fuite, en dresser le plan, en discuter les chances. Dans le bagne, au contraire, la réflexion médite une fuite, elle s'y développe, et quand il n'y a plus que les difficultés de l'exécution et qu'il s'agit de la liberté, trop d'exemples ont prouvé que le succès était presque toujours à côté de la tentative.

Quelques-uns des forçats qui sont retenus à la chaîne double dans l'intérieur du bagne, su-bissent cette détention cruelle par l'effet d'un

dans son album les essais poétiques de ce condamné. Le marquis de Chambreuil n'est point le seul qui ait porté des titres de noblesse vrais ou supposés au bagne de Rochefort : on y conserve encore le souvenir de l'aventurier connu sous le nom de comte d'Arnheim. Il arrive en poste à l'hôtel de Bruxelles à Paris, fait descendre deux malles très-pesantes, choisit l'appartement le plus beau, prend deux laquais, et ne sort jamais de la maison que dans un superbe remise. Quelques jours après son arrivée à l'hôtel où il fait une grosse dé-pense, il arriva un de ses laquais chez un changeur du Palais-Royal, pour lui dire de porter cinquante mille francs en or chez M. le comte d'Arnheim, qui donnerait la même somme en billets de la caisse Jabach.... Le changeur et ses garçons, tous trois chargés de sacs, se présentent à l'hôtel et sont reçus par M. le comte, assis dans son cabinet, en robe de chambre et devant son se-crétaire. Il fait poliment asseoir ces messieurs, ouvre un sac en rou-

jugement. Il en est cependant un grand nombre qui éprouvent ce châtiment par simple mesure de police administrative ; le forçat suspect, le mutin qui, après avoir reçu la bastonnade, n'est point assez souffrant pour aller à l'hôpital, ni assez fort pour retourner à la fatigue, subissent ce châtiment par la seule volonté du commissaire du bagne.

Les forçats semblent pour la plupart indifférens aux visites qui leur sont faites ; ils répondent à peine aux demandes qui leur sont adressées ; d'autres jettent sur le visiteur un regard où se peint l'idiotisme le plus complet. Le

---

reau, s'en rapporte à l'étiquette, et, sans discuter sur l'escompte, range le tout au fond du secrétaire. Prenant ensuite un gros porte-feuille où doivent être les billets de banque, on en voit sortir plusieurs ; mais, en ce moment, un autre laquais vient lui dire que le gouverneur *** prie M. le comte de passer au salon pour affaire pressante. Il referme négligemment le secrétaire qui contient or et billets, y laisse même la clef et passe dans la pièce voisine suivi de son valet. Une demi-heure s'écoule, personne ne reparaît ; le changeur s'impatiente, sonne, appelle, frappe à la porte du salon, et le silence lui répond seul. Enfin il descend chez le portier, s'informe, et apprend que M. le comte est parti avec ses gens dans la voiture de remise, et qu'aucun général n'est venu le demander. Le changeur, alarmé, passe chez le maître d'hôtel, se fait conduire au salon, voit une ouverture pratiquée dans la cloison qui sépare le salon du cabinet : le secrétaire qui se défonçait à volonté, avait été appliqué la veille en cet endroit et tout l'or avait disparu.

son de l'or, l'aspect d'un bijou sont cependant des talismans qui semblent réveiller en eux l'énergie. J'étais entré dans une des salles avec un négociant de Bordeaux, il portait un superbe cachet de montre d'un volume assez considérable et d'un travail parfait; tout le temps que dura notre visite tous les yeux se fixèrent sur le bijou de M. G... Quelques-uns des condamnés qui reposaient sur leurs bancs, se levèrent comme par un instinct attractif, et leurs regards ne se détournèrent qu'au moment où M. G.... s'éloigna, et où nous poussâmes la grille pour sortir.

Quelques dames entrèrent au moment où nous sortions. Fanfan leur offrit froidement des paniers de paille fabriqués par lui ; Chambreuil leur sourit agréablement, et composa même, je crois, des couplets en leur faveur, et les trois autres, qui s'étaient éveillés comme pour voir le cachet du négociant, retombèrent nonchalamment sur leurs bancs. Une des dames, soit que l'air infecté l'asphyxiât, soit que le tableau hideux qu'elle avait sous les yeux l'affectât vivement, s'évanouit. La plus grande impassibilité se fit remarquer sur toutes les physionomies! Aucun des forçats ne décela par un geste ou une expression de figure la part qu'il prenait à cet incident. En sortant, M. le commissaire du bagne offrit ses bons offices aux dames, pour leur montrer, dit-il, les détails de l'*établissement*. Travestir en promenade de plaisir la visite et le spectacle des lieux où sont renfermés les condamnés, a je ne sais quoi de stupidement immoral que l'excuse de légèreté peut à peine effacer. Que dire de celui qui ferme cette enceinte à la pitié qui vient consoler l'infortune, et satisfait une curiosité irréfléchie avec cette grâce chevaleresque et cette courtoisie française qu'on aime à trouver dans un administrateur de musée, ou dans un directeur de spectacle? N'est-il pas pénible de voir faire les honneurs d'un bagne comme MM. Bouton et Daguerre font les honneurs de leur Diorama?

# CHAPITRE XI.

*Pourquoi m'appelez-vous homme? Ce n'est point
en homme que je suis traité, je ne suis qu'un chien.
Chants populaires de l'Écosse.*

A midi, les forçats sont rentrés dans le bagne;
c'est l'heure du dîner. Les *bonnets verts* sont
remontés sur leur banc. Le sbire les attache
aussitôt. Dans l'autre salle, les *rouges* sont
rentrés aussi; mais ils peuvent circuler dans
toute la longueur de la salle. Les forçats de
corvée errent çà et là, s'occupant des soins de
la cuisine et du transport des gamelles. Le silence règne. Il est commandé par le coup de
sifflet de l'adjudant. Les condamnés se forment
en groupes de quatre ou six individus. Au milieu d'eux, on apporte la gamelle à laquelle,

sans doute pour assimiler le condamné à la brute, on donne la dénomination de baquet. Des pois secs ou de fèves assaisonnés avec du beurre et relevés par le sel, qui font partie de la ration du forçat ; un pain assez blanc, et dans une quantité suffisante, composent le repas du galérien.

Ceux qui ont travaillé dans le port peuvent réparer leurs forces par quelques gouttes de vin. Le forçat invalide a seul droit à une ration de viande. Trois fois par semaine on la lui donne avec des légumes frais. Là où le caprice des subalternes n'est point la loi suprême, là où des instructions les tiennent dans le devoir, on voit la justice présider à tous les détails. Si les repas des forçats n'étaient fixés par une ordonnance royale, nul doute que le pouvoir discrétionnaire ne les assimilât à la pâture des bêtes les plus immondes. La brutalité ne pouvant anéantir une volonté puissante, s'est encore rendue coupable en cherchant à en altérer les salutaires effets. Il y a quelques mois qu'on a voulu proscrire du repas des forçats les ustensiles de nécessité première, dont l'usage pouvait rappeler encore aux condamnés qu'ils étaient hommes. Les galériens à Rochefort furent à la veille de se voir enlever les plats, les cuillères et les couteaux. Le préfet maritime, dont le nom se présente toujours quand il y a un acte de justice à faire ou un abus à réprimer, M. l'amiral Jurien, vint encore protéger le condamné, qui maintenant prend son repas sans présenter le tableau d'une meute qui se jette sur la curée. Pendant quelque temps, dans leur langage expressif, les forçats appelèrent la cuillère *un amiral*, et le couteau *un préfet maritime*. Ainsi, deux mots de leur vocabulaire rappelèrent un hommage de reconnaissance.

# CHAPITRE XII.

LE FORÇAT DÉLASSÉ.

*Etiamsi omnes, non ego.*
*Lettre pastorale.*

L'ORGANISATION réglémentaire des bagnes est tellement vicieuse, qu'on a peine à croire que déjà la réforme l'ait atteinte dans quelques-uns de ses détails. Si l'on n'a point encore tenté un traitement radical sur cette partie si gangrénée du système répressif, du moins faut-il avouer que de temps en temps, de loin en loin, le bien-être des condamnés a servi de point de mire à quelques agens de cette importante inspection. Mais empressons-nous d'ajouter qu'après un peu de bien fait, ou de mal reparé, ils se sont hâtés d'oublier ce qu'ils pouvaient faire ou réparer encore. Au nombre des améliorations apportées, on peut signaler l'abolition du droit de cantine qui était laissé aux comes [1], le droit de régie de tabac que les sous-comes exploitaient à leur profit, et le privilége des argousins ( droit d'escale ) qui, moyennant une rétribution, déferraient les forçats pour les laisser se promener dans les salles et dans les cours du bagne. Cette dernière réforme date de 1812. C'est peut-être vers ce temps qu'était à Rochefort le forçat Delaage : on se rappelle l'avoir vu traverser les rues de la ville sans vêtemens d'uniforme, sans fers, sans garde armé à sa suite, sans que rien, en un mot, trahît son état de condamné; il jouissait en grand du privilége qu'avait alors le forçat de racheter ses fers et de se dépouiller des insignes de la honte, en satisfaisant au tarif.

Il arrive malheureusement trop souvent que des hommes, dont l'éducation, la position sociale et la fortune devraient être une garantie de probité, cèdent à la séduction qui conduit au crime. Delaage fut condamné sous l'Empire pour faux en écritures publiques, ou malversations dans ses fonctions de comptable.

Son extérieur séduisant, sa mise recherchée,

---

[1] Voir le chapitre des gardes-chiourmes.

sa physionomie expressive, lui avaient fait donner le surnom de *joli forçat* [1]. Au moment où
l'exécuteur de la justice avait approché le fer
brûlant de son épaule, des cris de grâce s'é-
taient fait entendre. La clémence se tut devant
la loi. La fortune de Delaage le fit jouir, dans
le bagne, d'une exception qui, pour être accordée à un homme qui méritait quelque pitié,
n'en était cependant pas moins injuste. Deux
gendarmes l'amenèrent en chaise de poste à Rochefort : on lui accorda une chambre particulière, meublée avec autant de goût que d'élégance : il avait aussi obtenu un appartement isolé
à l'hôpital. Sa femme et ses enfans habitaient
Rochefort. Delaage quittait le bagne le matin,
après le coup de canon ; il se rendait au domicile
de ses enfans qui ignorèrent long-temps, dit-on,
dans quel lieu d'infamie le crime avait conduit
leur père [2].

Figurons-nous cet homme donnant lui-même
à ses fils leurs premières leçons, leur ensei-

[1] Quelques personnes prétendent qu'il se nommait Delâtre, et non
pas Delaage.

[2] Delaage était reçu chez les personnes les plus distinguées de la
ville, il allait passer les soirées chez le contre-amiral Martin, alors
préfet maritime. M. Truguet, qui remplaça ce fonctionnaire, défendit,

gnant les principes de la vertu. Quel spectacle que celui d'un forçat dans une semblable situation? Si le pied d'un de ses enfans eût touché le sien, il eût senti l'anneau des galères; si les plis de la chemise du condamné se fussent dérangés, on eût vu les marques du crime. Le soir, Delange prétextait la nécessité de sa présence à bord d'un bâtiment sur lequel il était employé, il quittait sa famille et retournait au bagne.

La position singulière de cet homme fait cependant naître d'étranges réflexions : il était coupable, il devait, comme tous ses compagnons, subir toutes les douleurs et toutes les humiliations du bagne, et sa captivité prend toutes les apparences de la liberté; la société qui l'a rejeté semble l'adopter de nouveau, elle affaiblit, autant qu'il est en elle, toutes les marques de son infamie, elle revient à lui, elle lui laisse la faculté de voir sa femme, elle protége le mensonge officieux qui trompe la tendresse de ses enfans : loin de manger à la gamelle dégoûtante des con-

sous quelque prétexte que ce fût, qu'aucun condamné sortît du bagne sans avoir la casaque de la maison, et sans être accompagné d'un garde-chiourme. A compter du jour de cet arrêté, Delange fut soumis aux lois de la maison, et garda le vêtement du bagne.

damnés, ce forçat s'asseoit à une table élégamment servie; il a un lit et non un grabat, et, faussaire lui-même, il s'étend sur le duvet moelleux auprès du faussaire son voisin qui s'agite sur des planches.

On cite à Rochefort un autre condamné qui, comme Delnage, jouissait d'une fort grande liberté. C'était un vieillard fort spirituel, qui faisait le charme des sociétés. Il était condamné à cinq ans, j'ignore pour quel crime; il avait inutilement demandé à payer sa grâce d'une partie de sa fortune. Il avait été jusqu'à offrir au gouvernement impérial de construire et d'équiper à ses frais un vaisseau à trois ponts; on refusa cette transaction et le coupable reçut un châtiment qu'il trouva moyen d'adoucir.

# CHAPITRE XIII.

LA FILLE DU FORÇAT.

.... Un père est toujours père ;
Rien n'en peut effacer le sacré caractère.
CORNEILLE.

Dans mon séjour à Rochefort, j'aimais à me promener dans les sombres avenues du jardin public. Assis sur la terrasse qui domine le port, je regardais les couples des forçats qui charrient de lourds fardeaux, et achètent à la sueur de leur front l'avantage d'échapper quelques heures à l'air méphitique du bagne. J'avais remarqué une jeune fille qui passait et repassait devant moi, et prolongeait ses regards avec une curiosité avide sur le bâtiment de la Corderie.

La jeune fille portait le costume vendéen. Elle s'assit sur un banc adossé aux charmilles, et là resta rêveuse. Je m'approchai, je la reconnus :

je l'avais vue la veille chez le concierge du jardin, et j'avais appris le but de son voyage. La jeune fille allait se marier, et son père était au bagne.

Eutrope était le prétendu de la paysanne; il connaissait le crime de son beau-père futur. Habitant le même village, il savait tout ce qu'il pouvait perdre en considération en épousant la fille d'un condamné; mais Tiennette était aimée, et la passion cachait à Eutrope les conséquences de ce mariage; il voulait épouser la jeune fille, mais il désirait qu'on ne parlât plus de ce père qui était mort aux yeux de la loi, qui n'avait plus aucun droit sur sa fille et dont il ... 'ait éloigner le souvenir.

Tiennette aimait son père, et son affection pour lui se doublait par le mépris dont les autres frappaient l'auteur de ses jours; elle voulait qu'il signât le consentement à son mariage et qu'il lui donnât sa bénédiction. Eutrope avait long-temps combattu le désir de Tiennette; il se refusait encore à la démarche qu'elle désirait faire, et ce n'était qu'avec regret qu'il avait entrepris le voyage de Rochefort. Eutrope était un garçon de bonne mine, qui avait des manières franches et ouvertes, et dont l'abord prévenait au premier coup-d'œil ; il ne tarda pas à venir se joindre à nous ; il avait été faire quelque emplette. Je servis d'interprète aux sentimens de Tiennette. Je dis à Eutrope qu'un père n'est jamais coupable aux yeux de sa fille : qu'il n'y a point de lois, point de juge, point de jury, point de Cour prévôtale qui puissent nous dégager des liens de la nature ; et que la piété filiale de Tiennette devait être, pour lui, un gage précieux des vertus de son épouse.

Tiennette ne disait rien, mais ses regards étaient attachés sur le visage d'Eutrope, elle épiait tous ses mouvemens comme pour saisir un acquiescement à ses désirs.

Eutrope m'écoutait les yeux baissés : dès que j'eus fini de parler, sans répondre, sans faire la moindre objection, il prit le bras de Tiennette, et les deux amans s'acheminèrent vers le bagne. Je les suivis, et la jeune fille, qui apparemment regardait ma présence comme un appui contre l'hésitation d'Eutrope, m'encourageait du regard à ne pas les quitter.

Cependant le vieux forçat était malade depuis plusieurs jours ; il n'était plus au bagne, il avait été conduit à l'hôpital. Nous traversâmes silencieusement la longue cour, nous montâmes les degrés de l'escalier. A l'entrée des salles, un tremblement violent agita la jeune fille ; ses joues étaient pâles, son cœur devait être bien serré. Eutrope et son amante furent introduits jusqu'au lit du forçat. Un garde-chiourme me repoussa, et je ne pus suivre que de loin les détails de ce tableau. Au pied du lit du condamné se tenait Eutrope ; la jeune fille approcha avec un mouvement de crainte qu'elle ne put comprimer. Le condamné leva sa tête affaiblie, tourna un regard éteint, et laissa échapper un sourire entre ses dents dont la blancheur contrastait avec son teint bruni. Un garde-chiourme avait conduit les deux jeunes gens ; il était resté comme témoin à cette scène. Une bonne sœur de la charité soutenait le malade ; il prit la plume qu'on lui présenta, il regarda l'acte dressé d'avance, et, soutenu, il apposa au bas son nom déshonoré : étendant vers Tiennette ses bras décharnés, il l'attira sur son cœur ; le mouvement qu'il fit donna une secousse à sa chaîne dont Eutrope avait pris un anneau qu'il regardait d'un œil hébété : un des chaînons froissa la robe de la jeune fille qui laissa tomber une larme sur ces fers rouillés. La tête du moribond retomba bientôt sur le traversin. Tiennette saisit ce moment pour glisser furtivement en tremblant sa main sous le drap; un regard qu'elle prolongea sur le garde-chiourme qui se détournait, trahit, heureusement pour moi seul, l'offrande que la jeune fille laissait à son père. Eutrope qui semblait mal à son aise, fit un signe à Tiennette; tous deux sortirent lentement, tête baissée. Près de la porte, Tiennette porta un dernier coup-d'œil sur le lit de douleur, et peut-être en ce moment son cœur demanda-t-il au ciel d'abréger les tortures de son père, en l'appelant de l'asile où l'on souffre dans celui où l'on pardonne.

L'*Accordée de village* est un des chefs-d'œuvre de Greuze; là, tout respire l'amour, la vertu, l'innocence et le bonheur. Je crois que si un de nos peintres, M. Scheffer par exemple, voulait traiter l'action que je viens d'essayer de décrire et dont j'ai été le témoin, il pourrait lutter avec Greuze, non pas de grâce, mais d'intérêt et de pathétique.

Quand les deux amans eurent descendu l'escalier des salles, la jeune fille sauta au cou d'Eutrope. « Cette démarche, lui dit-elle, nous portera bonheur. » Les deux jeunes gens entrèrent ensuite dans la chapelle de l'hospice civil, y firent une courte prière, me saluèrent avec reconnaissance, et montèrent dans une carriole qui les conduisit dans leur village.

Oui, Dieu te bénira, pauvre fille, qui n'as pas abandonné l'auteur de tes jours, qui n'as pas cru que tout était rompu entre lui et toi, parce qu'il était coupable, et tes enfans rendront à ta vertu l'hommage dont tu n'as pas craint d'honorer un père criminel.

---

# CHAPITRE XIV.

> *Je ne permets à personne d'être fripon,*
> *mais je permets à un fripon de jouer un*
> *grand jeu.*
>
> LA BRUYÈRE.

QUAND les fièvres se déclarent à Rochefort, c'est surtout dans le bagne qu'elles se développent avec le plus d'intensité ; mais la succursale du bagne, plus malsaine et plus mortelle que le bagne lui-même, devient le principal foyer de la contagion.

*Le bagne Martrou*, ou le petit bagne, est situé dans la ville vis-à-vis le village de Martrou qui se trouve sur la rive opposée de la Charente ; de ce côté, la ville est entourée de marécages qui étendent autour d'elle un cordon d'eaux stagnantes d'où la putréfaction se dégage. Autrefois

il y avait au *Martrou* une caserne, mais l'insalubrité de ce lieu a fait changer sa destination. Il
ne faut pas que des soldats soient exposés dans
ce lieu infect ; mais la conséquence de cette réflexion est-elle qu'il faille y parquer des forçats ?
et ne devrait-on pas choisir les lieux les plus sa-
lubres pour y placer des malheureux qui, gardés
dans un espace étroit, vicient bientôt l'air qu'ils
respirent ?

Dans le mois de septembre 1827, *Martrou*
fut transformé en une succursale de l'hôpital
pour les forçats ; la fièvre les avait atteints au
milieu du bagne, il leur fallait un air pur, on
les envoyait au *Martrou* ; c'était une dérision
d'administrer le quinquina à des gens que l'atmosphère tuait ; c'était leur faire subir les épreuves
réitérées du poison et du contre-poison.

Le *Martrou* n'est que par circonstance la succursale de l'hôpital, c'est ordinairement un dépôt
du grand bagne. Presque tous les forçats qui s'y
trouvent (excepté les invalides) sont *rouges* ; on
les emploie aux différens travaux qu'exige le service de la ville ; ils travaillent aux pompes, font
le service de la vieille forme, de la panneterie,
des jardins public et botanique. Le plus curieux des individus renfermés au *Martrou* est

Geovani Gasparini, natif de Modène. C'est un homme d'une taille moyenne, dont le visage est plein et coloré, le front très-bas, et la physionomie gaie et joviale; il rit sans cesse; sa figure ouverte n'inspire aucune sensation pénible; il semble jouer avec ses fers, et on comprend difficilement comment un tel homme a commis une action qui l'aurait infailliblement conduit au meurtre s'il eût trouvé plus de résistance.

Voici les détails du coup audacieux qui a rendu célèbre Gasparini, et qui a un côté comique, qu'un de nos vaudevillistes a reproduit avec succès sur une scène secondaire des théâtres de Paris.

Gasparini quitta Narbonne dans le commencement de juillet 1817; il rôda quelque temps dans les environs de Moissac, et les débats de la Cour prévôtale de Toulouse ont établi que, dans la nuit du 8 au 9, il se présenta chez divers marchands et acheta des cordes. Muni de ces auxiliaires qu'il jugeait indispensables, il se rend dans un lieu redouté des voyageurs et qu'on appelle la *côte de Malauze;* là, il dispose ses cordes de manière à arrêter la marche des chevaux de la diligence, c'était à elle qu'il en voulait; il arrache ensuite des ceps de vigne, il en forme deux mannequins

qu'il recouvre d'une chemise et d'un chapeau,
il les place aux deux côtés du chemin; deux ceps
de vigne longs et droits sont attachés transversa-
lement à ces soldats improvisés, et paraissent
prêts à faire feu sur ce qui se présentera. Ces mesures prises, il attend patiemment sa proie. L'heure
de minuit passe sans que rien se présente qui puisse
ajouter à sa célébrité. Enfin à une heure et demie
la diligence paraît; aussitôt Gasparini s'élance :
*Arrête, arrête, postillon, ou tu es mort!* Le
postillon s'arrête, Gasparini court à lui, le
saisit, le jette à terre, et le place à la tête des
chevaux avec défense de bouger sous peine de la
vie; il ordonne aux voyageurs de descendre à
leur tour, ceux-ci hésitent; pendant qu'ils déli-
bèrent, Gasparini passe sous les roues, se présente
à l'une et l'autre portière, montre à celui-ci un
pistolet, à l'autre un poignard, il feint d'appeler
des camarades, il contrefait plusieurs voix, enfin
il essaie tous les moyens possibles de leur prouver
qu'il est soutenu, que la voiture est entourée, et
qu'à un seul mot de lui ses hommes de ceps de
vigne vont faire feu et s'emparer de leurs dé-
pouilles, morts ou vifs. Les voyageurs intimidés
descendent; sa main droite les menace du pistolet, sa gauche tient le poignard levé sur

leurs têtes ; ils le conjurent de ne leur point faire de mal ; ils tendent leurs bourses, leurs montres, leurs bijoux. Gasparini leur promet la vie, et les entasse dans un fossé où ils se croient sous le feu des redoutables ceps de vigne ; ceux qui sont trop lents à obéir, ou qui refusent de se placer la face contre terre, sont frappés impitoyablement.

Gasparini réclame ensuite le conducteur ; celui-ci descend tremblant comme la feuille, il ouvre les caissons et l'argent change de maître. Gasparini fait avec méthode toutes les perquisitions, il fouille les voyageurs, les bat, les dépouille, toujours la menace à la bouche ; au moindre cri, à la moindre résistance, il tirera : comme il pense que les conducteurs sont une classe à laquelle les voleurs ne sauraient inspirer trop de crainte, il assène à celui qu'il tient plusieurs coups vigoureux et l'enferme dans le cabriolet.

Pendant toutes ces opérations, faites avec une audace et une diligence remarquables, il a soin de parler à ses deux mannequins, et il leur ordonne, en jurant, de tirer sur le premier qui fera le moindre mouvement. Enfin, quand il croit ne pouvoir plus rien emporter, il part. Gasparini n'a pas versé une goutte de sang, il s'est servi d'un stratagème usité en Italie et dont les voleurs de Naples et de Milan commencent même à ne plus se servir, parce qu'il est trop connu. Il part sans qu'on l'arrête, sans qu'on songe même à le poursuivre, et ce n'est qu'un quart d'heure après, que le plus hardi des voyageurs se hasarde à lever la tête ; mais les mannequins étaient toujours là ; enfin on se regarde, on cherche à se rassurer ; en voyant les voleurs présumés, on se demande le motif de leur présence ; il n'y avait plus rien à prendre, peut-être même leur fait-on une belle harangue pour leur demander grâce. Le plus courageux marche droit au danger, et il trouve un mauvais chapeau, une vieille chemise et quelques ceps de vigne. Si des hommes volés et battus peuvent rire, ceux-là ont dû finir gaiement leur voyage.

Cependant un événement de cette nature excita toutes les recherches de la justice. Gasparini avait eu l'audace de ne pas quitter le pays ; il n'y était pas en trop bonne odeur. On remarqua que cet homme, qui n'avait aucun moyen d'existence et qui était dans la pauvreté, fréquentait les cabarets, traitait à grands frais dans des lieux de débauche, et dépensait un argent dont, sans doute, il ne pourrait pas indiquer la source. On l'arrêta; il chercha à se suicider, il s'enfonça un couteau dans la gorge. Des voyageurs, des postillons, les conducteurs de la diligence de Castel-Sarrasin le reconnurent; on suivait sa trace de Narbonne jusqu'au lieu du délit. Gasparini niait tout, mais une montre trouvée sur lui fut reconnue par l'un des voyageurs dépouillés et servit à le confondre.

Le procureur du Roi opina pour la peine de mort; mais l'avocat de l'accusé, qui le défendit avec beaucoup de talent, représenta que la tentative d'assassinat avait été suspendue par la volonté même de l'accusé, et cette circonstance atténuante fut admise par la Cour. Après une longue délibération, Gasparini fut condamné aux travaux forcés à perpétuité. Depuis qu'il est au bagne, ses compagnons d'infortune et d'infamie l'ont soupçonné d'être *renard* [1]. Il est possible que dans l'espoir d'obtenir quelque adoucissement à sa captivité, il ait consenti à servir d'agent à la surveillance. Quoi qu'il en soit, ses camarades l'ont rendu victime d'une vengeance bien cruelle; il paraît qu'en travaillant à l'empilement du bois dans le port, ils ont à dessein

---

[1] Espion du bagne.

laissé tomber sur lui une énorme poutre qui lui a
fracturé les deux jambes; c'est cet accident qui
l'a fait transférer à la succursale *Martron*, où
il est comme invalide; c'est là que je l'ai vu.
Il est gai, enjoué et il raconte son aventure
aux visiteurs. Sur la demande que je lui fis,
à quoi il emploierait les premiers instans de
sa liberté, s'il l'obtenait, il répondit : « J'irais
voir *les Inconvéniens de la diligence.* » Gasparini mourra probablement au bagne, l'accident qui l'a estropié mettra sans doute obstacle
aux tours d'adresse que son génie pourrait enfan-
ter en faveur de la liberté [1].

[1] Depuis peu de temps Gasparini, dit-on, est mort.

# CHAPITRE XV.

LES CHAINES. — LE MARTINET. — LA MANILLE. — LA CHAUSSETTE. — JEU DES MAILLONS.

A mille ruses opposer dix mille précautions.
RÉMUSAT.

L'APPLICATION de la loi répressive est tellement vicieuse, que l'esprit le moins entaché de la
manie de novation ne peut retenir les argumens
qui se pressent en foule pour l'accuser. En par-
courant le port de Rochefort, en regardant passer ces nombreuses bandes de condamnés attelés ensemble, je me suis toujours demandé : A
quoi servent les chaines?

Cette question soulevée, l'indignation en-
flamme les regards des surveillans ; l'effroi saisit
le garde-chiourme ; et cependant en adoptant cette
réforme, rien n'est changé dans la position du

condamné, quant à la sécurité qu'il inspire comme objet de surveillance : il n'est ni plus près ni plus loin de la liberté. Que de la prison au bagne il soit garrotté, une crainte d'évasion pendant le trajet, ou dans les haltes, commande la mesure : la rigidité du moyen est excusée par l'exigence du motif. Mais quand la grille du bagne s'est ouverte sur le condamné ; quand il a revêtu la casaque, qu'il est livré à une surveillance qui a pour auxiliaire des pièces de canon, des sentinelles, des bastonnades et la largeur d'un fleuve rapide, je ne vois dans l'action de charger de chaînes un forçat qu'un effet de mise en scène d'un drame à grand spectacle. On veut des chaînes pour réprimer un élan de liberté, qu'on les forge donc d'un métal que celui qui les porte ne puisse ni rompre, ni scier, ni limer. Il est reconnu, de l'aveu de tous les gardes, des inspecteurs et commissaires des bagnes, qu'au milieu de la surveillance la plus active, en moins de cinq minutes, la chaîne la plus forte est coupée. Quelques ruses sont connues, quelques moyens sont découverts. On sait, par exemple, comment le bas de la jambe du condamné, pris par un anneau, peut être délivré, et comment la clavette, rivée dans le boulon mobile, en disparait facilement. On sait aussi

qu'en diminuant la force d'un chaînon par plusieurs coups de lime préparatoires, le recouvrant
d'une faible lame de fer, brunie avec l'encre de
Chine, on peut échapper à l'œil qui fait la visite, tromper même l'inspection du coup de
marteau qui frappe la chaîne à la sortie du bagne,
et se dégager le pied de l'entrave. Nous avons
le *martinet*, m'objectera-t-on ; je l'ai examiné.
C'est un ferrement en forme de triangle, qui,
rivé à chacune des extrémités, tient captive la
jambe du forçat. Trempé d'une manière particulière, cet instrument répressif a, dit-on, une
dureté plus forte que celle de l'acier. Qu'importe ? Pour atteindre le but, il eût fallu faire
toute la chaîne du même métal, car n'ayant
point le temps de limer le martinet, opération
qui exige un long travail, le forçat coupe le premier anneau de sa chaîne qui y est fixée, remonte
le martinet le long de la jambe, dût-il même la
déchirer ou la mutiler par la pression qu'exerce
ce ferrement ; il s'évade, et ce n'est qu'en lieu de
sûreté qu'il se débarrasse de l'entrave.

La plupart des moyens employés pour rompre
les chaînes sont bien connus. Un condamné libéré
me dit avoir vendu vingt-deux de ces secrets pour
se soustraire à une bastonnade. Un autre, inter-

rogé par un ancien commissaire du bagne sur les moyens qu'employaient ses camarades pour cette opération, lui répondit qu'ils trouvaient dans le moindre objet de service ou d'utilité journalière un instrument propice à l'évasion ; soudain il détacha de son bonnet la petite plaque de fer-blanc sur laquelle est mis, suivant l'usage, le numéro de chaque condamné, et présentant le coupant à la chaine, elle fut sciée en un clin-d'œil.

Le même fonctionnaire me dit avoir saisi à un condamné un panier en paille dont chaque tuyau ou brin était écrasé et renfermait une collection de limes et de scies presque imperceptibles.

Dans la nomenclature des chaines, entraves, ferremens du bagne, n'oublions pas la *manille* ni la *chaussette*. La manille est l'anneau qui entoure le pied quand on n'emploie pas le martinet. Elle est ordinairement en acier trempé. La chaussette est l'anneau ordinaire en fer qui se ferme avec le boulon dont on a séparé la chaine. Ce ferrement donne son nom au forçat qui, n'ayant plus que peu de temps à rester au bagne, ou qui méritant quelque considération, n'est plus accouplé et ne porte plus à la jambe qu'un anneau. On dit un forçat-chaussette pour désigner celui qui est découplé.

On craint peu de voir l'homme à la veille d'être libre courir les chances d'une prolongation de trois ans pour évasion, la surveillance se ralentit beaucoup pour lui; aussi est-il employé aux travaux les moins pénibles, et, à quelques privations près, en comparant à cet état la misère et le mépris qui attendent le forçat après sa peine expirée, je pense que plus d'un regrette le temps où il était chaussette. C'est parmi ces derniers qu'on choisit les ouvriers des jardins public et botanique, quelques-uns de ceux de la panneterie, les servans de l'hôpital, les gardiens du cabinet d'histoire naturelle et de l'amphithéâtre.

Quand on est convaincu que les chaînes ne sont qu'un bien faible moyen de rétention pour le condamné, la proposition de l'en délivrer au moment des travaux ne devient plus qu'une question d'économie publique bien facile à résoudre. On ne peut mettre en doute que les chaînes n'entravent le service, que leur poids ne gêne dans les travaux, tels que ceux du dévasement des cales, du curement des fossés, de l'empilement des bois, et surtout du transport; donc elles entraînent une grande perte de force vive. En comparant la somme qui a été payée aux forçats, à celle qui l'eût été aux ouvriers libres, on trouve dans une année que les forçats d'un seul port ont procuré à l'État un bénéfice de deux cent dix-neuf mille sept cent quatre-vingt-trois francs treize centimes. Admettons le système d'emploi des forçats non enchaînés , et le chiffre s'élèvera encore.

L'ordonnance du 26 août est une preuve de l'attention que le pouvoir commence à fixer sur le régime des bagnes. Le terme n'est peut-être pas éloigné où les chaînes ne seront employées que pour maintenir l'homme qui s'agite furieux sur le banc du bagne , comme poursuivi par le besoin du meurtre, ou bien pour comprimer les élans d'insubordination de celui qui brave toutes les régles de discipline. Deux hommes ne trouveront plus une sorte d'exhortation aux plus honteux excès dans cette union forcée que le vocabulaire du bagne nomme *accouplement*. C'est un supplice ajouté à un supplice que cette obligation dans laquelle se trouve le condamné, de vivre côte à côte de celui dont souvent la plus violente antipathie l'écarte. Cette fraternité de chaînes a quelque chose qui répugne. Il est douloureux de penser à l'influence que peut avoir sur un camarade faible, le mauvais traitement d'un *accouplé* plus fort , plus cruel ou plus pervers. Que de fois ai-je été témoin de ces actes de despotisme d'une part et

d'une basse soumission de l'autre ! Combien ai-je
vu de ces luttes de chaînes où la volonté de l'un
entraînait l'autre vers un point où son désir ne le
portait pas ! Que de tourmens, que d'humiliations,
que de contrariétés, que de tracasseries, exercés
sans que l'œil du gardien puisse les surprendre !
De ces contrariétés naît l'exaspération ; ce sang
toujours agité est si près de fermenter ! L'inspira-
tion du crime et l'invitation aux plus honteuses
passions, sont la leçon morale qu'on retire du
système d'accouplement ; chaque motif de dis-
corde entre les accouplés ne se termine pas par
le jeu des chaînons dont je fus témoin dans le
port. C'était au moment où quelque relâche est
accordé aux travailleurs après une longue corvée.
Un forçat, voulant se reposer, s'était étendu
sur une charpente, son camarade de chaîne
manifestait au contraire l'intention de se promener. La chaîne que deux condamnés partagent
est composée de dix-huit maillons dont chacun
a six pouces ; chaque forçat a donc le droit d'user
de la longueur de neuf maillons ; mais quand
il a parcouru à peu près quatre pieds et demi
dans un sens, et que le camarade a atteint
la même distance en direction inverse, la chaîne
dans toute sa longueur arrêtée à la jambe de cha-

cun, met une frontière que l'un ni l'autre ne peut franchir ; c'est ce qui était arrivé aux deux forçats dont je parle. Le promeneur avait même tiré à lui toute la part de chaîne de celui qui reposait ; celui-ci, troublé par de fréquentes secousses, impatienté, saisit la chaîne d'abord d'une main, puis de l'autre, et d'anneau en anneau il ramène auprès de lui le promeneur qui, plus faible, n'opposait qu'une vaine résistance. Là, il devait y avoir dispute, combat ou transaction. Ce dernier moyen prévalut. « Je te joue tes maillons, » dit le condamné assis sur la poutre. L'adversaire tira un jeu de cartes de sa poche, et une partie commença, chaque joueur désignant les chances de la partie par des mots d'un argot qu'il est difficile de saisir. Au moment où les antagonistes s'étaient rapprochés, la chaîne s'était amassée sur elle-même, les anneaux s'étaient amoncelés, ce tas de fer était devenu l'enjeu de chacun, et la banque que leurs yeux avides convoitaient. Celui qui d'abord se promenait, semblait prendre à la partie un intérêt frénétique, ses muscles se tendaient, ses nerfs se contractaient, ses ongles marquaient de profondes empreintes sur la charpente qui servait de table de jeu ; d'abord il avait joué cinq chaînons, et avait perdu ; la seconde

partie le laissa sans perte ni gain ; la troisième lui
enleva l'avantage, et la quatrième tout espoir
de bénéfice. Il prit des deux mains la chaîne
qui était à ses pieds, et jeta les anneaux les uns
sur les autres avec la rage d'un joueur qui perd
des monceaux d'or. Force fut à lui qui voulait se
promener de s'asseoir ; il était facile de lire le dépit
violent que cet arrêt lui causait ; peut-être eût-il
donné tout l'or qui le fit conduire au bagne pour
jouir de cinq pieds de terrain à parcourir. Le
vainqueur continua son sommeil après avoir refusé une revanche ; mais il la donna en rentrant
au bagne, et à son tour il la perdit complétement ;
car le lendemain je vis à peu près à la même
place le vainqueur de la veille couché de mauvaise humeur au pied d'un faisceau d'ancres, et le
vaincu se promenant en demi-cercle dans toute
la liberté de ses fers.

# CHAPITRE XVI.

LES CLOAQUES.

Il n'y a pas un acte administratif qui n'ait une influence morale sous le rapport de l'augmentation ou de la diminution de noire.

M. DE TRACY, *Commentaire sur Montesquieu.*

Le costume pénal est favorable sous un rapport de police ; en ajoutant aux difficultés de l'évasion, il frappe l'imagination et donne au premier aspect d'un lieu de réclusion le caractère qui lui convient. Il augmente la salutaire humiliation de la peine[1]. C'est l'interprétation de ce texte qui avait peut-être motivé le nouvel article ajouté il y a quelques années, par le commissaire du bagne, au code réglémentaire de Rochefort. Ceux des condamnés qui lui paraissaient suspects étaient

[1] Rapport de M. Dumont sur le projet de loi pour le régime intérieur des prisons de Genève.

revêtus par ses ordres d'un costume dont la forme était la même que celle prescrite par le réglement, mais dont les bigarrures annonçaient plutôt un vêtement de tréteaux, que la casaque d'un lieu de correction.

Le costume était brun d'un côté, rouge de l'autre ; du corps de la veste sortaient deux manches, l'une jaune par derrière, et verte par devant, l'autre jaune par devant, et verte par derrière ; le pantalon était un assemblage de diverses nuances.

Ceux qui étaient revêtus de ce costume, étaient désignés sous la dénomination d'arlequins ; ils étaient toujours placés dans le lieu le plus apparent du port ; ils se tenaient au repos et debout pour servir de point de mire à la surveillance des gardes. M. l'amiral Jurien, préfet maritime, marqua les premiers jours de son administration par l'abolition de cette mesure plus que burlesque. Il prescrivit la défense de la renouveler. Un des derniers arlequins qu'on remarquait au bagne de Rochefort, était Gérard, le même qui, dit-on, par les craintes qu'il inspirait, fit adopter les manilles d'acier trempé, usage dont il fut le premier à ressentir les effets. Gérard est un des condamnés les plus subtils du bagne de Rochefort. Il cherche encore même dans les fers à faire des dupes. Il y a peu de temps que, par une correspondance adroite et une intrigue bien conduite, il faillit tirer une forte somme d'argent de la directrice de la poste même de Rochefort. On prétend qu'il ne lui cacha ni son nom ni sa position, mais qu'il fut près de la convaincre qu'il était un grand personnage, victime d'une machination, et que sa sortie prochaine lui assurait le recouvrement de sommes immenses. Lors de la catastrophe du 13 février 1820, Gérard se crut appelé à en profiter; il s'évada du bagne de Toulon, vint à Paris, et soit qu'il se vît près d'être reconn    u qu'il cherchât à en imposer et à gagner son pardon par de prétendus aveux, il se présenta pour donner des éclaircissemens sur ce forfait. Ne sachant rien, il ne put rien dire; il finit par avouer l'impudence de cette démarche; il fut ramené à Rochefort, séparé du marquis de Chambreuil avec lequel il était étroitement lié, et qui lui avait donné les moyens et le conseil de se rendre dans la capitale. Aujourd'hui Gérard a repris la veste rouge. Le bonnet vert annonce qu'il est encore redoutable, et le surnom d'arlequin ne lui reste que comme un vieux souvenir de la terreur qu'il inspirait.

# CHAPITRE XVII.

LA CORDELLE.

*Auxquelles et ces flots de coquins.*
SHAKSPEARE.

Le travail le plus pénible ou plutôt le supplice le plus rigoureux auquel on condamne le forçat, est la cordelle. On appelle ainsi le câble qui sert au hallage ou à la remorque d'un vaisseau. Le cours sinueux de la Charente rend difficile le passage de Rochefort à l'île d'Aix; quand un bâtiment descend le fleuve, on emploie les forçats comme chevaux de hallage. Cent ou deux cents couples, suivant la force du bâtiment ou l'état des eaux, sont attelés sur le rivage à un long câble; ils descendent le fleuve sous l'escorte de gardes armés, et, sous leurs efforts réitérés, le bâtiment avance dans des eaux rebelles où le vent, le courant et les sinuosités du fleuve s'opposent souvent à sa

marche. Quelquefois le navire rencontre un obstacle ; la cordelle, se trouvant plus tendue ou se
lâchant tout-à-coup, fouette, vient frapper les
flancs de ces malheureux et les jette violemment
à terre. Dans le mois de septembre dernier, le
brick *le Faucon* partit de Rochefort pour aller
croiser devant Alger ; soixante ou quatre-vingts
couples de forçats aidèrent à sa sortie des eaux de
la Charente. La chaleur était excessive. Arrivés
à la halte, en face de Soubise, un signal de repos
est donné ; les forçats, haletans et couverts de
sueur, s'arrêtent un moment pour reprendre haleine. Il y a dans cet endroit un cabaret isolé. Les
forçats se cotisent pour acheter quelques bouteilles d'un vin grossier. L'aubergiste, habitué à
un pareil débit, apporte des bouteilles dont il exige
le paiement à l'avance et les dépose sur le sable ;
mais les gardes-chiourmes, jaloux de ce léger sou-
lagement, se hâtent de donner le signal du départ. Ils renversent brutalement la boisson avec
le pied, s'approchent de ceux qui, plus ex-
péditifs, se sont hâtés de porter la bouteille à
leurs lèvres, et d'un revers de main poussent
brutalement le goulot au risque de casser le
verre entre les dents du condamné et de mutiler le forçat par les éclats : soudain la brigade

des geôliers de rire, et les condamnés, se levant avec peine, reprennent péniblement le chemin de Rochefort au bruit de leurs chaînes traînantes.

La sortie de *l'Hector* du port de Rochefort, il y a quelques années, a laissé de profonds souvenirs parmi les forçats ; c'était au milieu de l'hiver, et quoique le trajet de Rochefort à Soubise ne soit que d'une lieue, les *attelés* mirent à ce travail la journée entière et une partie de la nuit. On les reconduisit au bagne à une heure du matin. Les ténèbres de la nuit ne laissaient même point arriver à leur esprit une pensée d'évasion ; quand la vigilance des gardes se fût ralentie, ils n'eussent pu trouver la force nécessaire à une fuite. Ils se traînèrent avec peine jusque sur le banc du bagne. Là ils reçurent quelques gouttes de vin ou de vinaigre que la pitié administrative leur accorda pour cette pénible corvée. Le lendemain, les salles du bagne étaient solitaires, mais l'hôpital était encombré d'une population nouvelle.

Dans le mois d'août, j'avais vu dans les eaux de la Charente, vis-à-vis le port, un bâtiment à vapeur. « Sans doute, me disais-je, il servira à la remorque des bâtimens de l'Etat qui descendent à Soubise. On abolira la cordelle. » Les réparations qu'on faisait avec activité à ce bâtiment me semblaient venir d'un besoin pressant de soulager l'humanité. En septembre, le bâtiment n'était plus dans le port ; il emportait mon rêve devant le rocher d'Alger, et le long câble que je vis tirer du magasin la veille de mon départ, me prouva que le temps n'était point encore venu d'abréger les tortures des condamnés.

# CHAPITRE XVIII.

C'est un phénomène inexplicable que l'étendue de l'imagination des hommes en fait de barbarie et de cruauté. On dit dans un ouvrage sur les prisons : Il y a quelques années à Bicêtre, quand les condamnés se promenaient sur la cour par un temps pluvieux, ils cherchaient un abri sous l'auvent des guichets ; alors les gardiens les en chassaient avec des fouets de poste pour les forcer à faire ce qu'ils appelaient le manége. On a vu des vieillards, le front chauve, la tête nue, tomber sous les coups de ces furies à visage d'hommes. Un détenu avait-il commis une faute, ils le conduisaient au greffe, et, sur leur seul rapport, le concierge le faisait mettre au cachot ; une paire de menottes serrait les mains du patient, et lorsqu'il était parvenu à la seconde ou troisième marche des degrés de la prison, ses conducteurs lui lançaient un coup de pied entre les deux épaules, et il parcourait, en roulant du haut en bas, tout l'escalier des oubliettes.

Un détenu avait tenté une évasion ; déjà il était parvenu sur les toits ; mais il est aperçu, une compagnie de fusiliers le couche en joue. Le fugitif fait signe qu'il va descendre, il demande grâce ; un respectable ecclésiastique, l'aumônier des prisons, se jette au-devant des fusils. A peine s'applaudit-il de conserver la vie à ce malheureux, qu'un gardien est déjà parvenu sur le toit ; il s'approche du prisonnier, d'un coup de pied dans le dos le précipite dans la cour de la prison, et son sang et sa cervelle rejaillissent, et couvrent la soutane du digne ministre de paix, témoin de cet affreux spectacle. La visite d'un inspecteur, nommé par le gouvernement, mit un terme à ces scènes sanglantes. Les barbares qui torturaient les prisonniers furent renvoyés de cet asile de réclusion. Ne seraient-ce pas les mêmes que nous retrouvons aujourd'hui dans les bagnes, sous le costume de garde-chiourme ?

Les dénominations d'agens dans les bagnes se sont conservées du temps où la garde des forçats participait du régime des galères, sur lesquelles les chiourmes étaient embarquées. Ces divers agens sont divisés en agens de police et de surveillance intérieure, et en gardes. Les premiers sont les comes ou comites, au nombre de trois ou quatre, les argousins trois, les sous-comes dix-huit, sous-argousins dix-huit, et les caps, espèce de piqueurs, pour diriger les travaux.

Dans les premières années de l'organisation des bagnes, la garde des forçats était confiée à la compagnie des pertuisaniers. De 1794, époque à laquelle cette compagnie fut supprimée, jusqu'en 1798, les forçats furent gardés par des détachemens des troupes de la garnison. Alors ce service fut fait par des hommes de couleur du dépôt des colonies. Vers 1803, la compagnie des gardes-chiourmes fut créée, et fit d'abord le service en commun avec les soldats du dépôt des colonies. Au licenciement de ceux-ci, en 1812, la compagnie des gardes-chiourmes resta seule affectée à cet emploi [1]. Ce doit être un recrutement difficile à

---

[1] La prime d'engagement est de quarante francs.

effectuer que celui d'un régiment de bourreaux.
Pourquoi de semblables individus souillent-ils
le costume militaire? Leur livrée ne devrait-elle
pas plutôt être coupée dans la même étoffe que
la veste du forçat? Rien de hideux et de repous-
sant comme l'aspect d'un garde-chiourme; l'idiotisme est peint sur sa figure, un sourire brutal
anime ses traits, presque toujours couperosés
par l'excès de la boisson. Maître presque ab-
solu des couples de forçats qu'il conduit ou qu'il
surveille, il les rend constantes victimes des accès
de sa brutalité; il sait que prouver sa cruauté
c'est faire acte de zèle. De long-temps je n'ou-
blierai le premier trait de barbarie que je vis
commettre par un de ces tigres enrégimentés.

Plusieurs couples de forçats travaillaient sous
le bâtiment *la Dryade*, qui est en construction;
les uns étaient occupés à l'empilement des bois,
d'autres aplanissaient une partie de terrain et
chargeaient les brouettes qu'ils conduisaient à l'endroit de la décharge des décombres. Dix forçats rouges étaient auprès d'une civière à roue
fortement chargée; l'un d'eux disait au garde-
chiourme: « Je ne puis plus me tenir sur mes
jambes, je ne puis suivre le camarade. » Ses
membres tremblaient, ses dents s'entre-cho

quaient, le frisson s'emparait de son corps; enfin tous les symptômes de la fièvre se manifestaient. « Tu iras à l'hôpital demain, répliqua le gardien; jusque-là, travaille, et ferme; tiens, v'là un coup d'tisane. » En disant ce mot, le garde-chiourme lui applique sur l'échine un vigoureux coup de baguette. Le forçat valide avait chargé la brouette, ce devait être à son compagnon de chaîne à la traîner; mais, moins cruel que le surveillant, il se plaça dans le brancard et se mit en route. Le camarade moribond suivait à pas lents; à peine pouvait-il traîner sa chaîne; enfin il fléchit. Son compagnon l'aperçoit, le prend dans ses bras, le porte sur la brouette, l'assied, et sous cette double charge arrive à destination. Là il place le fiévreux par terre, vide la brouette, y fait rentrer de nouveau son compagnon jusqu'à l'endroit où il la recharge, et là il replace encore le malade sur cette chaise roulante improvisée. Je m'arrêtai à voir ce tableau qui n'était pas sans quelque charme; mais bientôt il devint hideux par la brutalité du surveillant, mécontent de la pitié que semblait éprouver le camarade qui se voyait seul au travail. Le garde-chiourme le frappa à plusieurs reprises; voyant cependant que le traitement cruel dont il punissait une action qui n'était rien moins que blâmable, excitait encore à la continuer, il saisit le moment où le forçat, chargé de son camarade, passe auprès d'un monceau de pierres, sur lequel des ancres et des grappins avaient été déposés, et là, sous le prétexte que la marche est trop lente, dans un mouvement d'impatience calculée, il pousse le forçat malade en même temps qu'il renverse la brouette, et la tête du condamné va frapper fortement contre la pointe des grappins, le malade roule sur les pierres, la chaîne qui le lie au camarade et qu'il avait attirée à lui, lui serre fortement la gorge, et les coups de canne tombent de nouveau sur lui et sur le camarade qui cherche à le dégager... Midi sonna : c'est l'heure où les condamnés rentrent dans le bagne. Le forçat malade reprit un peu courage, il se releva, et tenant d'une main sa chaîne, de l'autre s'appuyant sur son compagnon, il se traîna péniblement et pas à pas jusqu'au banc de sa salle, où il ne fut peut-être pas encore à l'abri de la barbarie. Je donnai quelques pièces de monnaie à cet homme, et j'eus encore la douleur de voir le garde-chiourme lui appliquer un coup de canne en le traitant de mendiant.

Je pris le signalement de ce monstre pour le faire connaître à l'un des chefs, qui, sans doute, l'eût puni, ou l'eût du moins réprimandé d'un tel acte de férocité. Mais le lendemain, quand je cherchai à le connaître, je trouvai tant de ressemblance dans toutes les figures de cette brigade de surveillance, qu'il me fut impossible de désigner le coupable sans risquer de commettre une erreur. Bien m'en prit peut-être de n'avoir point poussé plus loin mon enquête. En demandant une punition pour l'auteur d'une lâche action, j'aurais peut-être obtenu pour lui une récompense. La joue saignante, le visage mutilé du forçat Ganzère, ont été des preuves à peine suffisantes pour mettre en accusation un membre de cette compagnie de sang. Ganzère reposait sur son banc dans le bagne ; le garde-chiourme Tremblay, pris de boisson, s'élance comme un tigre furieux sur ce condamné et lui porte des coups de sabre sur la tête et sur les membres. Ganzère échappe comme par un miracle à la furie de l'assaillant. Il conservera long-temps les traces de ce cruel traitement. Le coupable est livré au conseil spécial maritime, et il est condamné... à un mois de prison et à seize francs d'amende. Voilà donc les représailles auxquelles l'humanité a droit ! Un homme attente à la vie de son semblable, et parce que la victime est placée hors de la sphère sociale, il s'ensuit qu'il a sur lui le droit de mort ; voilà la législation du bagne ! Le même crime conduit Tremblay aux arrêts, et Salvador à l'échafaud !

# CHAPITRE XIX.

> L'or qui compose ce bijou a été gagné grain
> à grain.
>
> WALTER SCOTT.

Un sentiment de bienfaisance a porté le gouvernement à accorder un léger salaire aux forçats
travailleurs. On leur donne des vivres en quantité suffisante ; une ration de vin leur est distri-
buée ; mais le condamné qui ne va pas à la fatigue, celui qui est retenu à la double chaîne,
l'infirme, le convalescent, seraient réduits à une
nourriture à peine suffisante, si l'industrie ne
venait à leur secours. A certaines heures du jour,
quand les forçats valides sont dans le port, les
salles et les cours du bagne sont transformées en
ateliers. Là chacun se livre à des travaux dont le

besoin lui a fait deviner la règle et le secret. Au pied d'un arbre, celui-ci tresse le crin dont il fait des chaînes d'un travail parfait. La paille, sous les doigts d'un autre, reçoit mille formes variées. La noix du cocotier, dépouillée de son écorce, d'abord polie, puis ciselée, présente mille dessins. Le gaïac s'arrondit en boîte. Sur tous ces objets, de doux emblèmes de bonheur ou de tendresse, contrastes frappans avec les émotions qui doivent agiter l'homme du bagne, sont exécutés avec un talent qu'on doit d'autant plus admirer, qu'on sait que les outils tolérés ne sont pour la plupart que des morceaux de verre ou la pointe d'un clou. Si le style est l'homme, la plupart des forçats ciseleurs méritent la pitié, car leur burin ne reproduit que des cœurs enflammés, des colombes se becquetant, des trophées de chasse qu'un chevalier dépose aux pieds de sa dame, ou des sujets religieux, tels que le Christ sur la croix, ou la Vierge en adoration. En se promenant dans le port, du côté des moulins, les condamnés se pressent autour des visiteurs et leur font offre de leurs objets de négoce, qui sont pour la plupart des chefs-d'œuvre d'habileté et de patience. Là, dans un endroit écarté, ils reçoivent le prix qu'on met à leur travail; ils évitent soi-

;gneusement les regards des chefs, car souvent l'arbitraire se mêlant à ces petits actes de transaction, un ordre contraint l'ouvrier à céder à vil prix le produit de son industrie. Marchander un objet dans le bagne est presqu'un acte de cruauté. Les occasions de vente sont si rares, les besoins de l'ouvrier se renouvellent si souvent, qu'on est toujours certain d'obtenir de lui à tel prix que ce soit l'objet qu'on désire acquérir. J'ai vu un vaisseau à trois ponts exécuté en petit par un forçat ; cet ouvrage avait été le fruit de deux années de travail; l'acquéreur se présenta avec un chef, et, malgré ses instances pour payer convenablement le chef-d'œuvre, le visiteur fut contraint de le prendre pour une très-faible somme qui ne fut donnée qu'en partie au forçat; l'autre partie revenant, suivant le réglement, à la caisse des forçats invalides.

Les outils des condamnés, comme je l'ai dit, sont de très-petits burins et souvent des morceaux de verre. C'est avec ces faibles moyens qu'ils exécutent même des ouvrages qui semblent demander quelquefois l'équerre, le compas, le vilebrequin, l'emporte-pièce et tout ce qui donne de la régularité au travail. M. Cr..., qui semble toujours à l'affût de ce qui peut rendre plus misérable la position des condamnés, s'avisa, il n'y a pas

long-temps, de leur ôter ces faibles ressources ;
il fit enlever les outils, sous prétexte qu'ils servaient aux évasions. Cette mesure de rigueur
ne fut pas approuvée par l'amiral Jurien qui,
dans cette occasion comme dans beaucoup d'autres, interposa son autorité, et réprima cet acte
d'une sévérité malentendue.

La plupart des ouvrages des forçats, tels que
les coupes et les vases de coco, sont enrichis
d'agrémens en or, et ce métal, n'étant point con-
trôlé, excite la défiance des acheteurs. Alors
le forçat, d'un ton énergique qui porte presque la
conviction, s'écrie : *Que je ne sorte jamais de la
position où je me trouve, si je vous trompe !*
Et, chose bizarre ! on n'a pas d'exemple qu'aucun condamné se soit rendu coupable de ce
genre de duperie. On peut donc faire des em-
plettes de bijouterie avec plus de confiance au
bagne que dans les fêtes patronales des environs de Paris, ou sur les boulevards même de
la capitale ! Au nombre des ouvriers qui ont
acquis une renommée dans les bagnes, on cite
à Rochefort un horloger-mécanicien auquel il fut
permis d'exercer son état. Le cuivre et les outils
lui manquant, il faisait des pendules en car-
ton dont on admirait l'élégance et le mécanisme.

# CHAPITRE XX.

UNE MISE EN LIBERTÉ.

Cette nuit est la nuit de mon départ, car
je ne dois pas rester ici plus long-temps.
WALTER SCOTT.

Je faisais de fréquentes visites à un employé
de la marine, malade à l'hôpital de Rochefort.
Là, pendant tout le cours de la journée, je pouvais librement causer avec les forçats qui remplissent les fonctions d'infirmiers ou servans.
Parmi eux, le servant de l'aumonier se faisait remarquer par une gaieté, un esprit communicatif
qui lui laissaient peu le temps de s'affecter de sa
position. Il y a de nombreuses années qu'il est
au bagne. Je me suis toujours arrêté devant le
désir de le questionner sur son crime ; il m'eût
été pénible de frémir devant lui, car il mettait
une complaisance extrême à m'instruire de quelques détails et à m'initier à quelques-uns de ces

11

secrets innocens qui adoucissent les tourmens de la captivité. Je lui prêtai plusieurs fois des livres. « Je vais les montrer à M. l'aumonier, » me disait-il, et il se sauvait à toutes jambes, quoiqu'il boitât un peu, emportant les volumes sous le bras. Je le répète, j'ignore le crime de cet homme, mais les sensations que produisaient en lui de saines maximes ou le récit d'une action vertueuse, prouvent que, par une gradation bien ménagée, on rendrait amie du bien une ame qui a pu céder au crime... Un jour, nous nous étions oubliés plus long-temps que de coutume, moi dans mes nombreuses questions, lui dans le détail des renseignemens. La porte de la chambre s'ouvrit, et nous vîmes paraître un autre servant ; il pouvait à peine contenir les transports de sa joie : il n'avait plus que quelques heures de captivité. « Je retourne à Paris, ma mère en a obtenu l'autorisation, » nous dit-il. C'était un homme d'une haute stature ; son œil, qui m'avait semblé morne la veille, brillait d'un feu très-vif ; sa profession était ouvrier sellier ; son nom, je le sais, mais je le tais. Il portait à la main un paquet de vêtemens. Tout le reste de la journée, la joie de la liberté suspendit presque en lui les facultés de la raison ; il devait

achever son service jusqu'au lendemain matin ;
il entrait dix fois par minute dans la chambre, prenait un vase pour un autre, avait mille
distractions, riait aux éclats, sautait et cou-
rait comme un enfant. Quand j'arrivai le lendemain, il était sur pied, me dit-il, avant le coup
de canon ; il avait fait sa toilette, et semblait
avoir évité, dans le choix de ses habillemens, la
nuance du costume du bagne. Son vêtement entier était bleu ; ni le vert, ni le rouge ne venaient
lui rappeler des couleurs que long-temps il avait
portées. Tel est le jeu bizarre de l'imagination,
toujours si près de l'erreur ! Cet homme qui,
sous le bonnet du bagne, avait des traits qui
semblaient respirer le vice, après le changement de costume montrait une figure presque
candide ; ses yeux, qui la veille avaient une
expression de férocité, étaient devenus doux
et timides. Je fis part de cette réflexion aux
deux officiers malades, compagnons de chambre
de l'employé de la marine ; nous prîmes, dans le
paquet que le libéré allait reporter au magasin,
la coiffure qu'il abandonnait ; nous l'essayâmes
tour à tour, et aucun de nous ne frémit de se
trouver une de ces physionomies qui semblent
destinées à l'échafaud. Il ne faut, je crois, qu'un

bonnet de forçat pour renverser tout le système
de Lavater. Quand le moment du départ arriva, un éclair de tristesse succéda à la joie
qui, depuis la veille, dominait l'ame du libéré.
Il se rendait à sa destination par la diligence,
mais il cherchait peut-être dans son imagination
le moyen d'échapper à la formalité des passe-
ports sur la route; il ne pouvait offrir qu'un
certificat honteux. Il est muni d'une feuille de
route qui doit, tout le long de son chemin, ouvrir les yeux de l'autorité. Il est porteur enfin
de la *cartouche jaune* [1]; c'est la première humiliation que souffre le condamné quand la loi le
rend à la société. A peine jouit-il du droit commun que déjà on le lui restreint, déjà il est rangé
dans une série particulière. On appelle sur lui le
mépris des nouveaux individus qu'il va rencontrer dans la sphère sociale. Si ce libéré, par un
mouvement presque généreux, mais dont les conséquences cependant sont criminelles, mettant
à profit, pour échapper à la honte, les leçons
d'industrie qu'il a reçues au bagne, habile dans
l'art d'imiter fidèlement un seing et de graver
une vignette, fabrique un passe-port qui lui per-

----

[1] Voir les notes.

mette de se perdre dans la foule des citoyens, sera-t-il donc indigne de quelque pitié? A mes yeux, le forçat libéré, coupable d'un tel crime, serait cependant plus près de la probité et du retour au bien que celui qui, habitué à braver la honte, porte sans aucune émotion pénible le signalement spécial qu'on lui délivre au bagne et présente ce passe-port à la brigade de gendarmerie avec le calme orgueilleux d'un soldat qui déroule ses états de service.

Le même jour, en me promenant dans le jardin public, je fus témoin d'une autre mise en liberté. Deux individus, d'une figure assez sinistre, traversaient la longue avenue de la promenade qui conduit au jardin botanique. « Les voilà ! » se dirent plusieurs forçats *chaussettes* qui labouraient un massif, et les deux hommes s'approchèrent des condamnés. « Adieu, les vieux, c'est fait ; un peu de tirage encore, vous autres, et ça se fera. » C'était une phrase d'adieu que les libérés adressaient à des compagnons. Quoique aucun d'eux n'eût précisément un costume de bagne, leurs vêtemens semblaient en avoir été faits de rognures : leurs trois vestes étaient brunes, le pantalon était, dans plusieurs endroits, couvert de pièces, sans doute pour cacher les lettres qui marquent cette livrée de misère. Sur le dos d'un gilet, on voyait encore distinctement les lettres initiales G. A. Je m'approchai des libérés et leur demandai s'ils allaient partir ainsi vêtus. « Oui, voilà le vêtement que la *maison* nous donne. Ceux qui n'ont pas les moyens de s'en procurer d'autres, se rendent ainsi à leur destination. — Nous trouverons moyen d'en changer, dit l'un d'eux, faut l'espérer. » Ils serrèrent la main de ceux dont le temps n'était point encore expiré. « Au revoir, les anciens! dit le plus petit. — En route, le vieux! » dit l'autre, et les deux libérés s'éloignèrent et disparurent derrière les charmilles.

Le lendemain, je me dirigeai sur Tonnay-Charente, ma promenade favorite. Etant à dîner chez la bonne mère Michaut, à l'auberge du *Printemps*, avec mon ami Eugène de Pradel, qui, ce soir-là, improvisait devant la société choisie qui distingue ce village si pittoresque, la fille d'auberge accourut toute essoufflée, dans un désordre extrême; elle parla d'arrestation faite dans les bois du voisinage, de tentative de vol sur des gens du pays; on en accusait des forçats ou libérés ou fugitifs. Je me rappelai alors ces mots des deux hommes de la veille : *Nous trou-*

*verons moyen de changer*. Cette espérance était donc fondée sur un crime! La servante assura qu'on avait pris l'habit d'un paysan des environs, qu'il avait été maltraité. Si les coupables sont ceux que j'ai vus, soupçon qu'aucune preuve n'appuie, amenés de nouveau sur les bancs des assises, ils diront aux jurés : « On nous renvoyait du bagne, marqués de manière à être repoussés partout où nous porterions nos pas; plus sévère que la loi qui cache au moins sous le vêtement le stigmate dont elle frappe le condamné, un homme retrace visiblement nos signes de honte et nous oblige de les exposer à tous les yeux. » Ils seront de nouveau jetés dans la chiourme; mais le paisible habitant des campagnes, le fermier qui vaque à ses travaux, le médecin qui court les chemins de traverse pour secourir l'humanité, le pasteur de village qui va porter au moribond la parole évangélique, devront-ils redouter sans cesse le voisinage de Rochefort? Verront-ils leurs jours menacés, parce que le pouvoir qui régit le bagne aura refusé une aune de serge ou de drap grossier à l'homme qu'il n'a plus droit de couvrir de la livrée du crime?

# CHAPITRE XXI.

LE MAIRE DE VILLAGE.

> Voyageur, dis que tu as oublié la route
> qui conduit à ce square.
>
> SHERIDAN.

La promenade devenait un besoin pour me distraire des pénibles impressions du bagne. Dans une de mes excursions un peu lointaines, un hasard heureux me mit en rapport avec le maire d'un village. Peut-être ce village est-il situé sur les bords délicieux de la Charente, non loin de Saintes? Peut-être pour le trouver faut-il prendre au contraire la route qui conduit à la Rochelle? Peut-être encore, en choisissant le milieu entre ces deux chemins, arrive-t-on à la position qu'il occupe sur la carte géographique en s'approchant de Niort? Donner la description exacte de ce lieu, serait trahir un secret, compromettre la liberté d'un homme qui n'a pas le droit d'en jouir, mais qui est digne de la conserver par l'usage qu'il en fait.

Pour en venir au maire, c'était un brave homme, d'une figure bonne, aimable; ses lèvres souriaient toujours, et on devinait en lui un cœur sensible qu'un sens naturel guidait vers le bien par le chemin le plus droit, c'est-à-dire par celui de la raison et de l'humanité. Il était arrivé à l'âge où l'homme commence à décliner, mais il avait aussi un air de force et de santé qui annonçait en lui une vieillesse vigoureuse et exempte d'infirmités. Nous dînâmes ensemble, et, comme un bon dîner dispose à la confiance, je reçus les confidences d'un propriétaire à l'aise, qui se crée des tourmens quand il n'en a pas. Nous parlâmes aussi du motif de mon voyage, du bagne de Rochefort et principalement de la position des forçats quand ils sont libérés et qu'ils rentrent dans la société. Cette question intéressait le maire. Quand on administre une commune et qu'on répond de sa tranquillité, on s'occupe volontiers de ceux qui peuvent y venir demeurer. Je lui racontai que la veille, à Tonnay-Charente, j'avais vu arrêter par des habitans du pays un forçat qui s'était évadé. « Jamais, lui dis-je, une physionomie ne peignit plus expressivement la douleur que celle de ce fugitif au moment de son arrestation. Si j'avais été en position d'arrêter cet homme, continuai-je, je doute que je l'eusse fait ; je l'aurais emmené dans quelque coin de la France, et là j'eusse travaillé sur cette ame pour en opérer la cure radicale, si le germe morbifique n'était pas développé au point de rendre la guérison impossible. » Je vis à cette phrase la figure du maire s'épanouir ; la petite pointe de bordeaux rendait son ame plus expansive ; il se pencha mystérieusement à mon oreille et me dit : « J'ai réalisé votre désir, depuis quelque temps je me suis fait aussi médecin d'ames. Il y a dans ma commune un forçat évadé : c'est un *ouvrier* [1] ; il a loué une petite boutique et est parvenu à travailler pour tout le village qui ignore son secret. Je l'observe avec soin, je le surveille, je ne pense pas qu'il puisse devenir dangereux tant qu'il aura du travail ; j'y pourvoirai toujours tant qu'on ne soupçonnera pas son malheur, incident que j'aurai bien soin de parer. Il y a plus, ajouta le bon maire, quelques-

[1] Le maire me dit la profession du fugitif : on comprendra les motifs qui me le font taire.

indices et des renseignemens adroitement pris
me font penser que cet homme a été condamné
pour vol, et dans son petit commerce je lui vois
discerner le tien du mien avec une probité si
sévère que, si j'étais receveur du département,
j'oserais sans crainte lui confier ma caisse. Un
jour mon forçat s'oublia au cabaret, il ren-
tra chez lui dans un état complet d'ivresse.
J'allai le visiter, je lui remontrai les dangers de
l'ivrognerie, ses suites cruelles; pour donner plus
de force à la leçon, je lui fis l'histoire d'un homme
que la débauche conduisit au crime et qui fut
amené ainsi sur le banc des assises et de là
à la chaîne des forçats. Soit que ce malheureux se rappelât son histoire, ou qu'il pensât
que j'en eusse connaissance, il me dit : « Eh
bien, monsieur le maire, je ne boirai plus que
du marc. » Depuis ce jour, je sais qu'en
effet il s'abstint de vin et qu'il fit usage d'une
boisson du pays faite avec de l'eau jetée sur
des fruits. Je suis bien persuadé, ajouta le maire
que le bordeaux semblait plonger de plus en
plus dans les rêves utopiques, qu'il est un moyen
curatif que jusqu'ici on n'a point tenté, et qui
réussirait souvent à ramener au bien l'homme qui
a subi une condamnation aux travaux forcés : que

chaque année on facilite dans les bagnes l'évasion de quelques condamnés, qu'on se contente de les surveiller, que l'autorité les suive dans la lice qui s'ouvre pour eux quand ils rentrent dans la société, et qu'ils soient ramenés à leurs fers ou laissés à la liberté suivant qu'ils auront troublé l'ordre social ou qu'ils se seront maintenus dans le droit chemin. Un grand bien résulterait encore de cette mesure; facilitant certaines évasions préparées par le pouvoir administratif, elle arrêterait une partie de celles qui seraient à redouter : dès que ce moyen serait connu dans le bagne, le condamné qui ne cherche à s'évader que pour rentrer dans les voies de la probité, deviendrait encore plus ferme dans sa résolution; tandis que celui qui combinerait les chances d'une fuite dans des vues opposées, soupçonnant qu'il donne dans un piége qu'on lui tend, persuadé que son projet d'évasion est découvert dès qu'il le met à exécution, ou renoncera à sa fuite, ou, s'il réussit dans sa tentative, redoutant toujours une inspection occulte, alors même qu'elle n'existera pas, sera comprimé dans ses élans de férocité ou de malveillance. » Le maire avait ramené la conversation sur son protégé : « Pourquoi, lui dis-je, ne faites-vous pas des démarches pour obtenir la grâce de cet homme? Sa bonne conduite depuis son évasion, votre témoignage, la garantie morale qu'il donne pour l'avenir appuieront votre supplique. — Et quelques mois après, reprit ironiquement le maire, je verrai mon protégé sur les bancs d'une nouvelle Cour d'assises! L'amnistié et le libéré ne se trouvent-ils pas dans la même position? Partout la proscription! Qui danserait avec mon protégé? Qui trinquerait avec lui? Qui le recevrait aux veillées d'hiver? Les enfans s'en éloigneraient avec crainte, les vieillards avec mépris. Non, il sera temps d'appeler en grâce quand je ne pourrai pas faire autrement. Qu'on découvre mon protégé, alors je fais une pétition, j'obtiens son pardon, je lui dis de mettre ses économies dans sa poche, j'y joins quelque don, et lui montrant la grande route, je lui dis : *Va t'établir dans un lieu où l'on connaisse les bonnes qualités que tu possèdes à présent, mais où les mauvaises voies de ta jeunesse soient inconnues ; ici tu ne trouverais plus ni repos ni plaisir*[1]. Mais, ajouta le maire, nous n'en sommes pas encore là,

[1] Phrase de Walter Scott, qui rend parfaitement l'idée exprimée plus simplement par le maire philanthrope.

et j'espère que mon protégé vivra tranquille et sans inquiétude dans un pays où nous n'apercevons pas deux fois par an la corne d'un chapeau de gendarme, et où chacun est trop occupé de ses affaires pour se distraire en remontant à l'histoire de son voisin. » Le maire, à cet endroit du récit, prit son verre, l'éleva jusqu'à ses lèvres, et dans ce moment il lui vint sans doute à la pensée que le vin, dont il avait retracé les dangers à son protégé, l'avait rendu lui-même indiscret en me racontant l'histoire du fugitif; une légère rougeur colora son front. Un embarras marqué se manifesta quand il me recommanda le mystère. Qu'il ne redoute rien, ce n'est pas moi qui révélerai le secret. Que cette page soit pour lui une nouvelle garantie de ma discrétion; qu'il jouisse en paix d'une action qu'un arrêté de préfet peut blâmer, mais que la pitié éclairée, non-seulement excuse, mais doit même honorer.

# CHAPITRE XXII.

LES BONNETS VERTS ET LES BONNETS ROUGES (LIBÉRÉS).

> Les lois rencontrent toujours les préjugés
> du législateur.
>
> MONTESQUIEU.

La législation et l'esprit social semblent être en contradiction continuelle. La loi mesure le châtiment à la culpabilité, et l'opinion refuse d'asservir à la même règle la part de mépris qu'elle verse sur le criminel. Le temps de la liberté arrivé, il semble n'y avoir pour les coupables qu'une seule et même ligne, sur laquelle le mépris les range. Enchaînés, ils subissent une différence de peine ; libres, ils sont tous enveloppés dans une égale proscription. C'est un forçat, dit-on, et chacun s'éloigne ; l'opinion ne se demande même pas si l'homme que la loi rend à la société en avait été expulsé comme meurtrier, faussaire, ou si la faiblesse de caractère, la misère, l'avaient conduit à détourner à son profit quelques lambeaux d'habit pour couvrir sa nudité ou celle de sa famille, ou bien si trop timoré pour donner à la justice une déposition sincère sur un crime commis, il a, par une fausse déclaration, encouru la rigueur de la loi. Même humiliation pour tous sans distinction; même arrêt prononcé par la société; il semble qu'elle prenne à tâche d'inspirer au moins coupable le regret de n'avoir point épouvanté le monde par un forfait. Il ne portait au bagne que le bonnet rouge, et la société ne le distingue point de celui qui portait le bonnet vert. Singulière observation à présenter! La législation spéciale des bagnes est en ce sens plus juste dans ses actes que l'opinion publique. Elle a rangé en deux classes les condamnés; elle les distingue par deux livrées. Une sévérité extrême ne se déploie presque toujours que contre ceux qui portent le bonnet vert. Les bonnets rouges ne parlent qu'avec l'expression du mépris des bonnets verts; ils n'ont aucune relation ensemble, la ligne de démarcation est là tracée. Cette population immense de condamnés à cinq et six ans, ces bandes de forçats dont la plupart, en faisant le mal, ont obéi à cette justice naturelle si souvent en opposition avec les lois de la civilisation, conservent au bagne cet orgueil, pour ainsi dire d'instinct, qui les sépare du coupable qu'un seul pas écarte de l'échafaud ; et cependant l'un de ces hommes, rentré dans son village, trouvera ses concitoyens plus injustes envers lui que les gardes-chiourmes. Si dans le pays arrive alors, libre de sa chaine, l'assassin qu'une circonstance atténuante a sauvé de l'échafaud, et que la pitié du jury a envoyé pendant vingt ans au bagne ; couverts du même mépris, victimes d'une égale aversion, ces deux condamnés qui, dans la chiourme, étaient bien distincts l'un de l'autre, se lient nécessairement par la même proscription ; et cependant l'un des deux craint le contact de l'autre, autant que la société redoute la présence de tous les deux !

Au bagne de Rochefort, les bonnets rouges l'emportent en nombre à peu près des deux tiers sur les bonnets verts. On désigne, comme je l'ai dit, les condamnés à vie et à vingt ans sous la dénomination de verts ; et ceux dont le séjour au bagne n'est que de quelques années sous le nom de rouges. Ainsi, l'on entend crier dans le port : « Envoyez six rouges au Martrou ; quatre verts à la Vieille-Forme [1]. » Un condamné venait de s'échapper : « Est-ce du rouge ? criait un adjudant. — Oui, répondait un sergent. — Eh bien ! serrez le vert [2]. »

Les figures les plus sinistres, les physionomies les plus hideuses s'offrent sous le bonnet vert. Je ne sais si M. Horace Vernet a fait d'imagination ces groupes de forçats que son crayon a lithographiés ; mais il semble que chaque condamné soit venu poser devant lui. Il a parfaitement saisi la stupide immobilité, le regard fixe et le triste sourire du forçat ; on ne peut rappeler plus énergiquement la vérité du tableau à ceux qui ont promené leurs regards dans les bagnes [3].

C'est sous le bonnet vert que Marty Cantin et Rimailhoc cachent leur front que jamais la honte ne fera rougir. Tous deux furent condamnés

---

[1] Vieille-Forme, emplacement où l'on répare les bâtimens.

[2] En terme d'argo, en langage de bagne, *serrer* signifie rapprocher les surveillans des couples de condamnés pour mieux les observer.

[3] Un de nos peintres les plus distingués termine en ce moment un tableau de grande dimension représentant le départ de la chaîne de Bicêtre.

à perpétuité, l'un pour assassinat sans préméditation, l'autre pour fausse monnaie. Ils parvinrent, il y a quelque temps, à s'évader : Marty, sous le costume d'officier de marine, Rimailhoc, en habit bourgeois, qu'ils avaient dérobés dans le magasin général. Ils passèrent ainsi travestis à la porte du Soleil, où le factionnaire porta les armes au premier. A l'aide de faux passe-ports qui désignaient Marty Cantin comme Flamand, et Rimailhoc comme Espagnol, ils se rendent à Perpignan; de-là ils passent en Espagne sous le costume de marchands colporteurs; ils saccagent, sur leur passage, toutes les églises des villages, forcent les troncs, les tabernacles, font main basse sur tous les objets du culte. Partout leur audace fut couronnée de succès. Ils poussèrent l'effronterie jusqu'à convertir en lingot, même dans les églises, les ornemens d'or ou d'argent qu'ils venaient de dérober. C'est ainsi qu'un Christ d'un poids énorme, qui faillit, en tombant de l'autel, tuer, par sa chute, l'un des spoliateurs, fut mis en morceaux sur les marches mêmes de l'autel. Revenus près de la tour de Carol ( Pyrénées - Orientales ), lieu de naissance de Marty Cantin, ils furent reconnus et dénoncés. Ils firent route de compagnie avec un préposé aux douanes qui allait avertir la gendarmerie pour les faire arrêter. Il fallut les plus grandes précautions pour se rendre maître de ces deux individus. Sous prétexte de voir leurs passe-ports, le brigadier de gendarmerie s'approche; au moment où les deux forçats mettent la main à la poche, la brigade, qui se tenait cachée, se jette sur eux, les conduit par-devant le maire; on les fouille, chacun d'eux avait un sac de toile qui contenait des matières d'argent provenant de leurs vols. Conduits jusqu'à Perpignan, les gendarmes, aidés de serruriers, eurent toutes les difficultés imaginables pour leur mettre les barres aux jambes. Déjà condamnés à perpétuité, ils partirent par correspondance forcée jusqu'à Rochefort, où ils furent condamnés à trois ans de double chaîne. Marty, moins docile que Rimailhoc, a de nouveau tenté l'évasion; six ans de double chaîne l'en punissent. Ce condamné est la terreur de ses camarades; on redoute les nombreuses ruses qu'il met en œuvre pour s'approprier les effets ou les produits du travail et des économies des autres. Il n'est point de corrections qui puissent lui imprimer l'obéissance aux lois de la propriété.

Sous le bonnet vert, on voit la physionomie

de Collet dont nous avons déjà parlé ; elle a le calme de la réflexion. Sous le bonnet vert, Fanfan plaisante, Gasparini sourit, et Legrand, ancien notaire de Bordeaux, rappelle le souvenir du crime le plus honteux. Il était à l'hôpital quand je visitai le bagne ; la mort devait être un espoir pour cet homme que les passions les plus obscènes ont rendu l'objet du mépris public et de la sévérité des lois.

Sous un bonnet vert, dont la couleur ternie annonce la vétusté, j'aperçois une figure de condamné qui me rappelle mon entretien avec Collet. C'est un nègre. Est-ce encore une de ces victimes de la Martinique que l'arbitraire et le code de sang des colonies ont voulu sacrifier ? Charles a été condamné au bourg du Gros-Morne par arrêt d'une Cour prévôtale en 1822[1]. Comme auteur, fauteur et complice du crime d'empoisonnement commis sur plusieurs habitans de la colonie, il a été fouetté, marqué et conduit au bagne de Rochefort où il doit rester à perpétuité. Des condamnés, qui semblent bien informés et qui n'ont aucun intérêt à cacher la vérité sur ce sujet, assurent que Charles ne mérite point son triste sort.

[1] J'ai peut-être confondu ce nègre avec ceux dont parle M. Appert. Voir les notes.

La sévérité des lois coloniales a peut-être fait encore une victime ! Charles n'est point le seul nègre qui soit au bagne de Rochefort ; plusieurs autres, amenés avec lui, partagent sa captivité sans espoir, et tous, lui excepté, ont attenté à leurs jours. Ils étaient esclaves à la Martinique, traités plus rigoureusement qu'à Rochefort ; les souffrances dans la patrie ont donc un charme, et ce charme est compris par des malfaiteurs ! Je demanderai encore aux amis de la colonisation de quel nom qualifier la philantropie qui pousse au suicide?

Sous le bonnet vert, une figure ensanglantée excite la pitié. Je la reconnais, c'est celle de Gauzère. Ce condamné a-t-il, dans son désespoir, cherché à s'arracher la vie? Qui a pu ainsi mutiler ce forçat? Rappelons-nous le chapitre GARDES-CHIOURMES.

# CHAPITRE XXIII.

LETTRES DE GRACE [1]. — COMMUTATIONS. — LA SAINT-CHARLES.

> Le droit de grâce, qui met le monarque
> au-dessus des lois, l'élèverait au-dessus
> des hommes, si cette royale prérogative
> était toujours infaillible en son choix
> entre le malheureux et le coupable.
>
> ÉMILE DE GIRARDIN.

LE forçat est livré comme une pâture aux hommes qui le gardent. Ces geôliers, qui ont toute la férocité des gladiateurs à qui étaient confiées les bêtes de l'amphithéâtre, ne regardent point les forçats comme des hommes, mais comme des choses que la barbarie et un

---

[1] A la Restauration, il y a eu soixante-cinq lettres de grâce ou d'amnistie.

arbitraire brutal peuvent défigurer ou détruire à leur gré. On voit que la matière ne coûte rien aux agens de la surveillance, et qu'ils comptent sur les vices de la société pour remplacer celle qu'ils détruisent ou qu'ils mutilent. Cependant les bagnes mêmes ont leurs jours de joie et d'espérance. La fête du Prince se fait sentir à toute la nation. Dans les grandes solennités publiques, dans les fêtes où le Prince et la nation se livrent aux transports de la joie, la main royale use de ce droit de pardon, le plus bel attribut du pouvoir suprême. Des lettres de grâce arrivent au bagne. Vont-elles arracher au supplice des malheureux qui eussent ignoré le crime s'ils n'avaient pas connu le besoin? Rendent-elles à la liberté des captifs qu'une imprudence funeste ou le délire d'un moment ont chargés de chaînes? Hélas ! souvent des preuves affligeantes ont montré que ceux-là qui inspiraient le moins de pitié ont joui de la plus grande part du bienfait. Il est des condamnés qui, au milieu même de l'infamie dont ils sont entourés, ont trouvé le moyen d'ajouter encore à leur charge de honte. Ils achètent par une basse adulation, par des délations souvent mensongères, quelque adoucissement à leur peine. La protection du chef dont

ils facilitent la surveillance devient nécessairement leur récompense. Bientôt leur nom est
porté sur une liste protectrice, une note colore
leur bassesse du mot de repentir touchant, de
retour au bien. Des bureaux de la police du
bagne, le placet parvient au ministère ; il retourne à Rochefort, revêtu de la signature
royale, et à peine celui qui est l'objet de cette
exception a-t-il entendu l'arrêt qui rompt son
banc, qu'il dresse déjà une demande d'incor-
poration dans les brigades de la police ! Et
voilà comme l'infamie reçoit la part que la clémence a faite au repentir !

*Si le Roi le savait*[1] ! Ce cri est surtout au bagne
une grave accusation contre l'incurie des administrateurs.

*Si le Roi le savait*, on ne massacrerait plus
les forçats, on ne leur refuserait plus les secours de la religion, ni les consolations de la
pitié. Ils ne seraient plus entassés dans un
antre infect où l'air ne peut pénétrer. On ne

[1] Grâce à l'active philantropie de S. Ex. le Ministre
de la Marine, pour amener une amélioration ou détruire
un abus, il suffit de dire aujourd'hui : *M. Hyde de
Neuville le sait.*

les abandonnerait pas à la plus stupide igno-
rance. La bastonnade serait abolie ; la double
chaîne ne serait plus en usage ; l'homme, mis
en liberté, ne sortirait plus du bagne avec la
livrée de la honte ; les forçats seraient enfin des
hommes condamnés à des travaux et non à des
tortures.

*Si le Roi le savait*, une lettre de grâce
arriverait bientôt à Rochefort ; un condamné
de Saintes reverrait ses foyers. Ce condamné
était un homme du peuple, pauvre et chargé
de famille ; il fut dans la nécessité, pour sub-
venir aux premiers besoins de la vie, de sous-
crire une lettre-de-change. Bien que la somme
fût légère, il ne put la payer à l'échéance. Il
alla trouver l'huissier chargé des poursuites,
et lui représenta le mauvais état de ses affaires,
le manque de travail, sa femme et ses enfans
absorbant son faible salaire ; il sollicitait quelque délai. L'huissier se laissa attendrir et accorda au débiteur le temps demandé ; mais soit
qu'il changeât d'avis aussitôt que l'ouvrier fut
parti, soit que le créancier lui-même voulût hâter
les poursuites, l'huissier se rendit à l'instant chez
le débiteur. Cependant celui-ci, joyeux du sursis
qu'il avait obtenu, était rentré chez lui et faisait part

du sujet de son allégresse à sa femme. On frappe à la porte, c'était l'huissier qui arrivait avec des recors. Au nom de la loi, il enjoint à l'ouvrier de le suivre en prison. La nature fait oublier la loi sociale. La tête du malheureux père de famille s'exalte ; il saisit son fusil, fait feu ; mais bientôt la réflexion lui montre l'horreur de sa position. Il est arrêté. L'huissier ni aucun des assistans n'avait été atteint du coup de feu. La pitié espérait trouver la loi indulgente pour ce malheureux. Il a été condamné à vingt ans de galères !

Ses compatriotes ont plaint le coupable sans lui retirer le titre d'honnête homme. Etant à Saintes, j'appris ces détails de la bouche d'un des médecins de la prison de la ville. Il avait donné ses soins à ce malheureux père de famille ; il avait vu souvent cette victime d'un emportement, sans doute coupable, mais auquel on ne peut refuser la pitié. Le docteur m'assura que les principaux habitans de Saintes avaient fait des démarches pour soustraire ce malheureux à sa peine [1]. « Je l'ai vu partir, me disait-il ; la dou-

---

[1] Les démarches que j'ai faites pour me procurer le nom de cet homme ont été infructueuses ; je ne pouvais rester qu'un jour à Saintes. Dans un prochain voyage à Rochefort, j'obtiendrai les détails nécessaires à une supplique que je présenterai à Sa Majesté.

leur était peinte sur tous ses traits, son regard se promenait sans honte sur les assistans, car le père de famille n'avait point perdu l'affection de ceux qui le connaissaient. Ses amis lui servaient d'escorte, ils lui firent des adieux comme s'il allait faire un long voyage dont on espérait le voir revenir. »

# CHAPITRE XXIV.

DIVERS TRAITS. — ANECDOTES. — DÉTAILS.

> Te voilà initié, Ivan, aux mystères
> de l'association et aux secrets des caver-
> nes de la Warnie....
>
> CHRONIQUE RUSSE.

Dans les bagnes, comme dans les prisons, la gêne et le besoin des communications donnent naissance au grand nombre de moyens plus ou moins ingénieux qui sont comme les fils d'une correspondance mystérieuse établie entre les condamnés, ou bien entre ceux qui subissent la peine et leurs confrères qui sont en liberté. Un ancien magistrat m'a dit avoir découvert tous les détails d'une affaire criminelle en laissant parvenir au prisonnier des cerises qu'un de ses complices lui envoyait. La longueur des queues de chaque cerise formait un alphabet complet, dont l'ordre était prescrit par la grosseur, la qualité et la couleur du fruit. Un troisième complice ayant livré la clef de ces hiéroglyphes d'un nouveau genre, le magistrat ne tarda pas à obtenir l'aveu du coupable.

— Un détenu avait su inspirer de la confiance à l'aumonier d'une prison; ce ministre d'une religion qui pardonne facilita au prisonnier une correspondance qu'il crut toute religieuse. Dans les nombreuses lettres que l'aumonier remettait au prisonnier, après en avoir pris lecture, les noms de Jésus-Christ, de la Vierge, des mystères, étaient tracés à chaque ligne. Au moment où le digne ministre des autels croyait son protégé près d'une conversion sincère, celui-ci s'évada en commettant un vol; mais, par une lettre, il instruisit l'aumonier de la ruse qu'il avait employée pour recouvrer sa liberté. Tous les mots dans sa correspondance avaient changé de signification : *Jésus-Christ* signifiait *escalade*; *repentir* signifiait *fuite*, et les *sept péchés capitaux* les sept portes qu'il fallait franchir avant d'être libre.

— Un autre condamné lime ses chaînes. Il n'avait aucune relation avec des camarades, pour recevoir d'eux des instrumens d'évasion. Il était à certaines heures seul dans une cour et surveillé sévèrement, mais un camarade avait la facilité d'y venir avant que son confrère s'y promenât : ce camarade travaillait à l'atelier de serrurerie. Après avoir donné, à certaines heures, un signal qui ordonnait au camarade de la cour d'être attentif, il avait frappé avec son marteau sur un fer sonore cent soixante-seize coups, et s'était reposé dix-sept fois à des intervalles inégaux ; le camarade à la première pause avait marqué 19, nombre de coups donnés, et le chiffre lui donnait la dix-neuvième lettre de l'alphabet ou *S*. A la seconde pause, faite après quinze coups, l'homme aux aguets avait compris qu'ils avaient la valeur de l'*O*, et disposant, dans sa mémoire, l'ordre des lettres par la valeur des chiffres :

19 *. 15. 21. 19. 12. 1. 18. 2. 18. 25. 1. ?. 1. 21. 3. 8. 5

SIGNIFIANT

s o u s l a r b r e a g a u c h e

il avait compris que *sous l'arbre à gauche* il trouverait ce qu'il fallait pour se procurer la

---

\* Le point marque une pause.

liberté. Qui n'a entendu ces lugubres coups de sifflet qui, au milieu des jeux des condamnés, retentissent d'une manière si affreuse! Ces sons aigres, qui partent du fond de la gorge et s'entendent à une longue distance, ce sont, pour la plupart du temps, des signaux établis entre des malfaiteurs. Il y a un langage entier dans ces divers tons qui ressemblent au cri aigu de la chouette et de l'orfraie. Autour de la prison et du bagne rôde un cordon, formé des complices, pour signaler une circonstance heureuse ou la faire naître. Il y a parmi les malfaiteurs une maçonnerie, un compagnonage dont les ramifications sont d'une étendue immense; il y a des initiés partout. Comment expliquerait-on autrement cette facilité de l'évasion au milieu de tant d'obstacles; ce luxe de travestissemens dont le fugitif se pare; ces envois de chaussure qu'il ne peut fabriquer au bagne [1]; ces ballots de cheveux dans lesquels il puise le tour ou la perruque dont il couvre sa tête tondue? J'avais demandé quelques notes à un forçat travaillant à la fatigue. « Je vous les enverrai, » me répon-

---

[1] J'ai dit qu'à Rochefort on lisait sur le soulier des condamnés le mot *galérien* imprimé au poinçon : il faut donc une autre chaussure à ceux qui s'évadent.

dit-il. Je comptais peu sur sa promesse et me proposais d'aller les prendre moi-même. Quelle fut ma surprise en rentrant à mon hôtel de trouver une lettre avec cette suscription ainsi orthographiée : *Au Mosieu qui s'occupe des bagnes.* J'interroge mon hôte et les domestiques ; ils n'avaient vu personne. Sous le pli étaient deux notices biographiques , une sur Marty Quentin, l'autre sur Rivailhoc.

— Devant le magasin des vivres est une pompe à laquelle quelques forçats sont journellement occupés. Une dispute s'engage entre deux condamnés qui y travaillaient ; on en vient aux mains sur le bord d'un fossé large, profond et plein d'eau. Les deux combattans n'étaient point accouplés. L'un d'eux était chaussette et l'autre avait un camarade de chaîne, et ce camarade de chaîne regardait la lutte d'un œil indifférent ; il semblait spectateur désintéressé, et cependant la chute du vaincu aurait infailliblement entraîné celle du juge du combat, et il se serait noyé avec son camarade. Encore une des mille preuves de cet idiotisme qui suspend dans l'homme des bagnes jusqu'au sentiment de sa conservation ! On ne trouverait pas un seul fait semblable, applicable à la brute, de quelque famille qu'elle soit.

— Dans un de ces momens où les maladies rendent désertes les salles du bagne, quelques parties du service de l'administration et des constructions manquaient de bras pour l'exécution des travaux. On venait de diriger sur la panneterie plusieurs forçats tirés de la fatigue. C'est à cette occasion que je fus témoin d'un de ces singuliers caprices, de ces désirs irrésistibles auxquels l'homme cède comme à une force surnaturelle, et qui depuis quelques années sont l'objet des discussions de la médecine légale et des recherches des physiologistes. Un forçat vint trouver un employé qu'il reconnut pour avoir fait, quelques mois auparavant, le service de distribution dans les salles du bagne : en l'abordant, il le supplie, le conjure de l'éloigner des travaux de la boulangerie; l'employé lui objecte qu'il doit être satisfait au contraire d'obtenir une tâche moins pénible que celle du port. Le forçat insiste. A ce moment, une porte ouverte laisse pénétrer jusqu'à nous l'odeur que jette le pain en état de cuisson. Les yeux du forçat sortaient de leur orbite, tous ses traits se décomposaient ; il semblait tourmenté d'un accès de monomanie d'une espèce nouvelle ; enfin renouvelant encore sa prière, il nous dit qu'il luttait depuis deux heures contre l'envie de dérober un pain, et qu'il sentait sa tentation trop forte pour y résister. Je joignis ma demande à la sienne, et en obtenant qu'on l'éloignât de ce travail, il fut soustrait au danger de commettre un vol avec effraction. J'obtins pour lui un morceau de ce pain qu'il désirait si violemment ; j'aurais cru qu'il l'eût dévoré ; mais l'odorat seul semblait en lui avide d'une jouissance ; il attirait à lui le parfum, comme s'il eût été celui d'une violette ou d'une rose. En s'éloignant de la panneterie pour regagner le port, nous le vîmes plusieurs fois se retourner dans la cour jusqu'à ce que l'air eût dissipé l'atmosphère odorante dans laquelle il se complaisait.

— La plupart des maladies qui atteignent le forçat, si on excepte celles qui proviennent du climat et du régime, ont presque toutes leur germe dans les passions honteuses qui abrutissent l'esprit en énervant le corps. L'hygiène nous enseigne que si l'excès du commerce avec les femmes épuise les forces et altère la santé, les ressorts de la vie sont remontés par un usage prudemment réglé, par une concession sagement faite à cette attraction qui porte un sexe vers l'autre. L'état de dégradation morale qu'on remarque dans les condamnés cesserait sans doute, s'il était possible de réprimer les honteux excès auxquels ils se livrent; malheureusement leur malpropreté, leur séquestration de la société, engendrent des besoins qu'une mauvaise éducation ne leur a que trop appris à assouvir. Je ne sais si ce n'est pas en Angleterre que jadis, quand un ordre empêchait les gens d'équipage de se rendre à terre, on amenait des prostituées à bord des bâtimens de l'État. Cet acte devait être le résultat d'un calcul moral. Il serait difficile, dans les bagnes, de prescrire le remède après avoir signalé le mal; mais il n'en demeure pas moins constant que nos lois, en condamnant l'homme à expier un crime, lui impriment de nouveau le besoin du vice. Le concierge d'une maison de détention m'a souvent entretenu d'une cure merveilleuse qu'il avait obtenue sur la personne d'un prisonnier. Cet homme se livrait à la plus affreuse débauche; ses passions brutales lui avaient plusieurs fois fait contracter des liaisons avec des camarades de chambrée. Le concierge, voulant le distraire de ses penchans, le faisait souvent descendre au greffe où il l'occupait à de légers travaux. Il offrit ensuite une jeune fille à ses regards : d'abord le détenu fit à peine attention à celle qui cherchait à égayer son esclavage ; peu à peu il se familiarisa avec la pensée d'avoir une compagne : l'habitude amena l'intimité. Le concierge ferma les yeux sur une liaison qui devait amener un heureux changement dans le moral du prisonnier ; ce devint bientôt un besoin pour le détenu de voir souvent sa consolatrice. Le concierge lui accordait cette entrevue comme récompense ; il ne la lui prodiguait pas, il ne la rendait pas non plus trop rare ; et trois fois par semaine le prisonnier avait la facilité de voir la jeune fille. Deux cures s'opéraient en même temps. La jeune fille, qui servait à l'expérience du concierge, était de ces femmes qu'une mauvaise éducation, l'entrainement, l'abandon et la misère conduisent dans le faux chemin ; elle n'avait plus qu'un pas à faire pour franchir la ligne qui la séparait de la prostitution. Douée de quelques bonnes qualités que la dégradation n'avait point encore perverties, conservant assez d'orgueil pour rougir de sa position, elle se trouvait, par cette union de

cœur avec le détenu, relevée à ses propres yeux.
Celui-ci, de son côté, était devenu plus laborieux, une sorte de politesse avait remplacé la
rudesse de ses manières. Le temps de la détention expira. Quelques jours auparavant, le
concierge eut la satisfaction de voir le condamné venir le solliciter de servir de témoin
à son mariage qui devait être prochain. L'union se fit; et le concierge conserva jusqu'à sa
mort des relations avec ce couple, qui alla s'établir en Angleterre, où le mari exerça une honorable industrie, et où la femme ouvrit des ateliers
de couture que son habileté et sa bonne conduite
firent prospérer. Je n'ai jamais pensé à ce trait
du concierge sans un sentiment d'admiration.
Voilà les hommes qui seuls devraient être appelés au pénible ministère d'administrateurs des
lieux de reclusion! Les épreuves faites sur le
cœur humain tournent plus au bien de la société
que l'invention d'une nouvelle chaîne ou le perfectionnement d'un instrument de supplice [1].

— Aussitôt l'évasion d'un forçat connue, trois

[1] Je tiens cette anecdote de M. Boult, ancien concierge de la Force
et de Sainte-Pélagie; je ne sais si ce n'est pas sous son inspection que
ce fait a eu lieu. (*Voyez les notes.*)

coups de canon, tirés sur les remparts, la si-
gnalent. C'est un avertissement donné à la gendarmerie, aux agens de surveillance et à tous
ceux que tente la prime d'arrestation. Si le forçat fugitif est repris avant les trois coups de
canon, il est puni suivant les règles de discipline et de police du bagne ; il reçoit la bastonnade, les menottes, ou bien il est mis au cachot
ou à la double chaîne. Si l'évadé est pris après
le signal, il est livré à une Cour spéciale maritime, et condamné pour le fait d'évasion à une
prolongation de trois ans. Si le condamné était
au bagne à perpétuité, il subit trois années de
double chaîne. Plus d'une fois il est arrivé que
près d'être rendu à la liberté, ne sachant quel
pays lui offrira un asile, quelle main lui présentera du travail et du pain, un forçat a tenté
l'évasion dans l'espoir d'être repris et de profiter
du bénéfice de la prolongation de peine ; mais
souvent repris avant le signal d'alarme, il n'obtenait qu'une bastonnade, au lieu des bagnes que
sa misère sollicitait.

Les primes pour ceux qui ramènent les forçats
évadés diffèrent en raison de la distance du lieu
où sont arrêtés les fugitifs. La récompense, de
peu de valeur si le forçat est repris dans le port,

s'augmente si l'arrestation est faite dans la ville; elle se double s'il a passé les portes, et se triple presque s'il a franchi la lisière du département. Tout est soumis aux lois du calcul dans les actions de l'espèce humaine; les actions les plus généreuses comme les plus viles ont presque toujours un chiffre pour base. La recherche des forçats a quelquefois été un objet de négoce que ceux qui l'exploitaient faisaient fructifier par un calcul atroce. Des gens (j'attends des détails exacts et précis pour les nommer dans mon second volume), connaissant le projet d'une fuite, en facilitant même l'exécution, ont suivi les fugitifs à la piste, les laissant se bercer des doux rêves d'une tentative heureuse, et se sont élancés enfin sur eux au moment où la distance parcourue assurait le maximum de la prime!

— La spécieuse objection de l'économie se présente toujours pour s'opposer à la destruction des abus. Au bagne, la moindre dépense fait reculer devant les améliorations qui sont même de première nécessité. Quand je parlerai de M. Pruss et de la part active qu'il prend à tout ce qui se fait de bien dans ce séjour de souffrances, je demanderai s'il ne vaudrait pas mieux

appliquer aux travaux philantropiques de ce savant et modeste ingénieur une part du budget
administratif, que d'approuver et de solder la
dépense exorbitante faite pour des objets d'un
luxe inutile, par exemple pour une porte co-
chère [1]. On refuse une faible somme pour préserver de l'infection les salles du bagne, et on
dépense quatre mille francs pour une serrure [2]!

[1] Porte du Magasin général.
[2] Serrure de la porte du Soleil.

# CHAPITRE XXV.

MARIE DE CAHORS.

On vit ses joues se colorer d'une noble rougeur,
son jeune cœur se gonfler d'héroïques résolutions.

Le plus pénible de ma tâche est rempli. Nous n'avons plus à parcourir les détails hideux de brutalité et les tableaux honteux du crime et de la honte. Arrivons au récit de deux actions que tout porte à regarder comme les preuves des plus nobles sentimens et d'un dévouement dont on n'a point d'exemples. En prononçant le nom de Marie, le cœur s'émeut; en questionnant son long sacrifice, un doute pénible s'évanouit, la conviction d'une action héroïque naît, une larme s'échappe. Marie de Cahors et François Mayenne se trouvent cependant tous les deux sur le registre du bagne de Rochefort.

Le 26 septembre 1822, deux condamnés sont amenés par chaîne volante à Rochefort. Un agent de surveillance se préparait à leur faire subir la visite minutieuse qui précède l'entrée dans les salles du bagne. Un des condamnés paraissait vouloir se dérober à de si honteuses perquisitions; son tour arrive; il prie, il supplie; il met tant d'instance dans ses demandes et tant d'opiniâtreté dans ses refus, qu'on va avertir le commissaire du bagne et que le jeune homme est bientôt introduit dans son cabinet. Là les refus recommencèrent, et usant pour lui de plus de condescendance qu'on n'en a d'ordinaire, on lui demande de donner quelques raisons plausibles, d'indiquer une cause à son obstination. Le jeune condamné ne répond pas, il pleure; enfin, un garde-chiourme met brusquement la main sur lui, enlève sa veste; malgré ses prières, le dépouille de la partie supérieure de ses vêtemens : c'était une femme.... Elle était marquée des lettres T. P.

La cartouche du condamné portait le nom de Joseph, enfant naturel, condamné par la Cour de Cahors aux travaux forcés à perpétuité. Son sexe reconnu, elle déclara s'appeler Marie, se dit âgée de vingt-trois ans, protesta de son innocence et s'obstina à cacher le motif qui l'a décidée à garder un secret aussi important. Elle a été transférée à la prison de Saint-Maurice.

Cette jeune fille était-elle la personne coupable ? S'est-elle présentée à la Cour d'assises pour un autre, ou s'est-elle substituée, après le jugement, à celui qu'elle voulait sauver ?

L'hypothèse qui semble prévaloir est celle où Marie serait réellement l'individu arrêté et jugé sous le nom de Joseph. Voici les faits :

Le 1er avril 1822, à nuit close, deux individus, appelés Jean Pratourey et Antoine Conord, se présentèrent chez M. le maire de Saint-Vincent, au village de Negra, et dénoncèrent à cet officier public qu'ils venaient d'être dévalisés par huit personnes, dont sept armées de fusils à deux coups et la dernière d'un pistolet et d'un bâton.

Pratourey n'opposa aucune résistance, et on se borna à lui prendre deux cents francs qu'il avait sur lui. Quant à Conord, fier de son courage et de sa force extraordinaire, il voulut se défendre ; mais blessé à la tête d'un rude coup de bâton et meurtri dans toutes les parties du corps par les coups de crosse et de canon de fusil qu'il avait reçus, il tomba enfin et fut obligé de demander grâce pour la vie. On fouilla alors dans

ses poches et on lui prit deux cent quarante-
six francs, une montre en argent, un coupon
d'étoffes, une paire de souliers et le sac dans
lequel il portait ces deux derniers objets.

Après cette expédition, les voleurs s'éloignèrent rapidement. Dès qu'ils eurent disparu,
Pratourey, qui s'était tenu à une certaine distance du lieu de la scène, s'approcha de son camarade, le releva, et ils parvinrent jusqu'à Negra.
Conord et Pratourey terminèrent leur plainte
en déclarant qu'ils avaient reconnu parmi les
assassins deux jeunes gens nommés Cancés et
Robert, l'un et l'autre déserteurs et habitans
d'un hameau voisin. On entendit de nombreux
témoins, leurs déclarations furent unanimes. Ils
avaient bien vu des hommes armés par groupe
de trois à quatre personnes ; mais ils n'avaient
reconnu aucun des individus. Quelles sont donc
les charges qui déterminèrent la condamnation
de Joseph? les voici : Conord et Pratourey,
appelés devant le juge d'instruction, ne se bor-
nèrent plus à accuser Cancés et Robert, mais
ils désignèrent quatre autres jeunes gens, parmi
lesquels Joseph, enfant naturel, qui, selon eux,
porta le premier coup à Conord. Voilà le seul
moyen dont l'accusation ait pu se prévaloir contre

Joseph. Voyons les diverses circonstances qui se réunissent pour l'affaiblir.

La nuit commençait à tomber, disent Conord et Pratourey; mais il y a plus de cinq témoins qui rencontrèrent les voleurs avant l'événement, et à un quart de lieue de l'endroit où il se passa, qui déclarent qu'il était difficile de distinguer les objets; l'un d'entre eux, qui marchait à quelques pas en arrière, ajoute même que l'un des brigands vint le joindre et lui dit: « Les suivons-nous? » Un quart-d'heure avant la scène, il faisait donc déjà assez sombre pour que les voleurs ne se reconnussent pas entre eux.

Conord et Pratourey ne nommèrent d'abord que Robert et Cancés. Comment expliquent-ils l'addition qu'ils firent à cette déclaration? « Nous étions troublés, disent-ils; d'ailleurs nous fûmes suivis chez M. le maire par une foule de personnes devant lesquelles nous crûmes prudent de restreindre nos désignations. » Ainsi, sans s'être concertés, ils conçoivent l'un et l'autre les mêmes craintes, ils forment le même projet de ne signaler que deux de leurs assassins, et leur choix tombe précisément sur les mêmes individus. Devant le juge d'instruction, ils ne parlèrent plus de Robert qu'ils avaient désigné devant le maire de Saint - Vincent. On leur demanda, dans un second interrogatoire, la cause de ce silence ; Conord hésita et finit par revenir à sa première déclaration. Pratourey répondit : « Les réflexions que j'ai faites depuis ne me permettent plus d'affirmer que je l'aie reconnu ; j'ai cru devoir me taire sur le compte de cet accusé. »

Enfin , sur les six individus qu'ils dénoncèrent à la justice, l'un est encore contumace ; deux ( dont Joseph ) ont été condamnés , et les trois autres établirent aux débats leur alibi incontestable ; le premier, par trois personnes chez lesquelles il avait successivement passé la soirée ; le second par quatre témoins appelés par le ministère public , dès le principe de l'information ; le troisième, Robert, par six témoins à décharge, à la vérité, mais dont la probité fut constatée par les certificats les plus honorables des maires de leurs communes respectives. Ces trois prévenus furent acquittés.

Voilà les faits dans toute leur vérité. Je me dispenserai d'en tirer les conséquences, elles se présentent d'elles-mêmes ; d'ailleurs, la cause de Joseph est irrévocablement jugée, mais celle de Marie ne l'est pas encore ; et quelle nouvelle force n'ajoute pas la découverte de son sexe aux considérations déjà si puissantes qu'on opposait pour sa défense ! Aucun reproche ne s'éleva aux débats contre sa moralité ; mais son secret ignoré si long-temps de la contrée qu'elle habitait, est une preuve plus frappante encore de la pureté de ses mœurs. Il faudrait donc qu'une femme, qui possédait la vertu la plus précieuse de son sexe, se fût associée à une bande de brigands, qu'elle eût partagé les dangers de leur expédition et réclamé l'honneur de frapper les premiers coups !

Que l'on daigne ensuite y réfléchir. Si Marie avait été coupable, ne se serait-elle pas empressée de découvrir son sexe ; il n'existait contre elle que les déclarations de Conord et de Pratourey ; mais ils ne l'avaient pas nommée dans leurs plaintes ; mais le second s'était rétracté ; mais leur indication imprudente n'avait-elle pas conduit sur la sellette trois innocens ? Ce n'est donc que dans le sentiment de son innocence que Marie trouva la force de garder un secret dont la révélation devait la sauver.

# CHAPITRE XXVI.

MM. L'AMIRAL JURIEN, PREM, HIBERT.

> Ils firent éclater leur zèle pour l'humanité, et
> leur empressement à la servir et à la défendre.
> VIEWERT.

Au tableau hideux des bagnes,
quelques détails consolans viennent cependant
s'offrir en contraste. Si le nom de certains
hommes qui interprètent mal les devoirs de la
surveillance reste dans la mémoire comme un
souvenir pénible, le nom de quelques autres
vient offrir la garantie d'une pitié qui sait s'allier à la sévérité réglémentaire. Prononcer le
nom de M. le contre-amiral Jurien, préfet maritime à la résidence de Rochefort, c'est attester
que le coupable trouve dans une autorité supérieure un pouvoir qui réprime les actes d'un
arbitraire cruel. Si le forçat de Rochefort est
en butte à tant de supplices, c'est qu'il ne

dépend pas entièrement de M. Jurien de les faire cesser, et plus que tout cela, c'est que M. le préfet maritime ignore souvent des détails auxquels ses fonctions ne lui permettent pas toujours de descendre.

En visitant les bureaux des constructions hydrauliques et les ateliers de la lithographie qui en dépendent, M. Vié, ingénieur, me donna les preuves d'une complaisance dont lui transmets ici les marques d'une vive gratitude. J'eus par son intermédiaire occasion de m'entretenir avec M. Pruss, ingénieur en chef du port de Rochefort : le fonctionnaire estimable me fit part de quelques améliorations qu'il avait projetées dans l'intérieur du bagne. « Nous trouvons tant d'obstacles, me dit M. Pruss, que tous nos essais tendans à l'amélioration du système des bagnes ne doivent être regardés par nous que comme ces rêves dont on jouit un moment sans croire à la réalité. Ceux qui peuvent le bien ne le font point, et ceux qui le désirent ne sont point placés dans une position à le faire. » M. Pruss s'étendit sur la nécessité d'assainir les salles du bagne, sur la facilité et les moyens économiques d'arriver à ce résultat; sur les nombreuses propositions qu'il en avait

faites, propositions qui toutes étaient restées
sans accomplissement ou qui avaient été ajour-
nées. Il me parla des lits en fer qu'il proposait
pour remplacer les bancs de bois sur lesquels le
forçat repose; faits en métal, la putréfaction
ne pourrait y pénétrer '; et pour obvier à l'infection que jettent les baquets en bois, réceptacle
de toutes les immondices, M. Pruss ferait passer, sous son lit forgé en arche, un ruisseau d'une
eau courante qui se prolongerait dans toute la
longueur de la salle. J'ai vu le modèle de ces
lits de fer. Le jour où je rendis visite à M. Pruss,
il devait soumettre son plan et montrer cet ingénieux ouvrage à M. l'amiral Jurien. Le désir
que M. Pruss manifestait de voir son projet
adopté avait bien moins pour but de satisfaire un
noble amour-propre que de servir la cause de l'humanité. M. le préfet maritime accueillit avec en-
thousiasme le plan de M. l'ingénieur, et lui-même
combattit les objections d'un chef de surveillance. Croirait-on qu'un des principaux argumens
contre l'établissement de ces lits était la difficulté
qu'on éprouverait à frapper sur une faible tringle
de métal la partie du ferrement qui attache le con-

---

' Le fond du lit était en fil métallique.

damné quand il est sur le lit ! Peut-être M. Pruns fut-il contraint à promettre d'ajouter à son modèle une sorte d'enclume courante, pour satisfaire à l'exigence d'un homme qui n'admet pas de système administratif sans l'auxiliaire des *barres* ou des *chaînes*. Sans doute des obstacles se présenteront encore pour paralyser les heureuses pensées de M. l'ingénieur ; et peut-être le forçat restera-t-il long-temps en proie à toutes les souillures de la malpropreté et sous l'influence d'une atmosphère infecte.

Dans le port, les regards se portent sur plusieurs machines aussi utiles qu'ingénieuses. Elles ont été élevées par M. Hubert, ingénieur-constructeur. Le premier de ces ouvrages est un moulin à scier, qui débite les plançons et les pièces de bois suivant le sens de leurs courbures. La construction du second moulin assure à M. Hubert un juste tribut de la louange due aux amis de l'humanité. Jadis les forçats, attelés péniblement à une chaîne ou à une longue corde, tiraient la vase qui encombre le lit de la Charente, et nettoyaient ainsi la rade du port ; d'autres étaient occupés à laminer le plomb ; d'autres broyaient, dans les magasins, les couleurs qui servent à la peinture des bâti-

mens. Ces trois sortes de travaux pénibles ou
dangereux ont souvent augmenté les tables de
mortalité du bagne. Aujourd'hui, le vent, frappant dans les ailes du moulin, met en action un
mécanisme simple, véritable chef-d'œuvre : les
vases, qui s'amoncellent au devant de l'écluse
des nouvelles formes, sont extraites ; les couleurs nécessaires aux ateliers de peinture se
broyent ; le plomb sort taillé en larges lames ;
et, en passant auprès du moulin de M. Hubert,
le condamné remercie l'homme bienfaisant qui l'a
soustrait à une longue fatigue ou à un travail
peut-être mortel.

# CHAPITRE XXVII.

PREMIER COUP-D'OEIL SUR LE BAGNE. — L'HOPITAL. — RETOUR A
PARIS. — PASSEMENT DES CONDAMNÉS A BICÊTRE.

A quoi bon, Carlos, jeter de plus longs
regards!

*Contes de Rodolphe.*

La fièvre faisait tous les jours des ravages
affreux dans le bagne de Rochefort; plus du
tiers des condamnés était atteint de la maladie.
Le bagne était désert, l'hôpital si vaste devenait insuffisant; le petit bagne, le Martrou,
avait été établi en succursale. Le service des
ateliers manquait d'ouvriers, partout la fièvre
jetait les forçats sur le lit de l'hospice. Dans les
salles du bagne, sur les bancs où, peu de jours
auparavant, les condamnés se pressaient les uns
contre les autres, quatre ou cinq seulement reposaient à l'aise. C'était à l'hôpital que la foule

des condamnés encombrait les salles. Là, chaque jour, on entendait le long roulement de la
voiture qui amenait les forçats à l'hôpital. Ce
char funéraire est une longue caisse fermée,
dans laquelle on entasse jusqu'à vingt-cinq malades ; d'autres sont placés sur l'impériale ou
sur les marche-pieds ; la voiture part au grand
trot, quelquefois même au galop ; elle tourne
les boulevards ou remparts, sort par la porte
dite de La Rochelle, traverse la promenade,
arrive à l'hôpital, et s'arrête devant le pavillon
destiné aux condamnés. Là les forçats sont
comptés et conduits par les gardes-chiourmes au
lit sur lequel chacun d'eux est à l'instant enchaîné.
La surveillance ne se ralentit pas pour le condamné malade ; deux gardes-chiourmes, couchés
sur les lits qui sont près des portes d'entrée, conservent l'inspection sur la salle. Mais un ministère plus noble est scrupuleusement rempli
par des anges consolateurs : ni les pénibles
veilles, ni les fureurs politiques n'ont pu les détourner de leur pieuse vocation. Là des filles
de Saint-Vincent de Paul [1] se disputent à l'envi

---

[1] Une remarque précieuse pour cet ordre modeste autant que respectable, c'est qu'il a traversé la révolution sans être englouti par le

les nobles fonctions d'infirmières. Là, depuis long-temps, est cette respectable sœur Henriette, qui jadis, dit-on, a suivi nos triomphes et a porté des secours à nos soldats sur les champs de bataille. Là sont aussi les sœurs Jeanne, Sainte-Hélène ; et la sœur Sainte-Adélaïde, à peine âgée de vingt-cinq ans ; et la sœur Marie, Béarnaise comme le bon Henri, et qui offre plus d'un trait de ressemblance avec la Gabrielle du galant roi. Tout le bagne semble être, dans ce mois affreux, sous leur douce administration. Là point d'actes d'injustice à constater, point de traits de barbarie à signaler.

Je me convainquis par un dernier coup-d'œil qu'on pouvait beaucoup dire en faveur d'une meilleure administration, mais que ce n'était pas à Rochefort qu'il fallait faire un appel en améliorations. Là les abus sont enracinés ; un long usage les a consacrés, les conseils de la philantropie ne parviendront jamais à détruire la routine administrative ; une loi seule pourra changer le mode de labour de ce champ de misère.

servent ; et, depuis deux cent quarante ans, ces bonnes sœurs ont sans interruption soigné les marins et les condamnés. (M. Thomas. Mémoires pour servir à l'Histoire de Rochefort.)

On ose demander aujourd'hui si l'homme use d'un pouvoir légitime, lorsque juridiquement il tranche la vie à un homme. Il est une question qui, pour être moins grave, n'est cependant pas d'un faible intérêt, c'est celle-ci : Le pouvoir exécutif a-t-il droit d'étendre tellement le texte d'une loi, qu'il puisse changer la nature de la peine que le législateur a portée ; en d'autres termes : Doit-on expliquer ces mots, *travaux forcés*, par ceux de supplices physiques et de tortures morales ?

De retour à Paris, un nouveau spectacle allait attirer mon attention ; je voulus assister à la continuation du long drame qui, depuis plusieurs mois, se passait sous mes yeux. Une chaîne partait de Bicêtre ; mais il me fut impossible de vaincre les obstacles pour assister à cette scène judiciaire. J'emprunte les principaux détails à un avocat qui en a été le témoin, et j'y joindrai les réflexions qu'ils m'inspirent.

« Je pénétrai dans la grande cour de Bicêtre ; rien encore n'annonçait l'affreux tableau qui allait frapper mes regards. Quelques hommes, à figure sinistre, se promenaient seulement de long en large. Des condamnés à la détention faisant, dans cette maison, l'office de valets, apportèrent

bientôt des charges de chaînes pesantes et une
quantité de ferremens. C'était le prélude de la
cérémonie qui allait se faire. A un coup de
sifflet, une bande de vingt à trente condamnés sortit de la petite porte ou guichet qui
conduit à la seconde cour; on les dépouille
du vêtement de la maison, un examen rigoureux
se fait dans toutes les parties de leur corps; on
leur jette après cette visite une espèce de sarreau
en toile grisâtre pour couvrir leur nudité. Pendant cette opération, un des geôliers avait rangé
à terre la ligne des colliers qui devaient assurer
l'esclavage du condamné jusqu'à sa destination.
Un second coup de sifflet se fait entendre et chaque forçat est placé derrière le ferrement qui lui
est destiné; une main, habituée à une semblable
œuvre, élève jusqu'à son cou cette sorte de
carcan fait en triangle. Quand toutes les têtes
des condamnés ont reçu ce honteux collier, un
porte-clef ouvrier, armé d'un lourd marteau,
passe derrière chaque condamné, et d'un énorme
coup, porté adroitement à deux pouces de la
tête, il rive le boulon qui ferme le triangle; il
parcourt toute la ligne avec une promptitude in-
concevable. Au moment du coup, le forçat incline
la tête en avant par un mouvement de crainte;

ce mouvement, fait en sens contraire, le livrerait à une mort infaillible, et sa cervelle jaillirait sous le marteau du sbire. Ce sont presque toujours les plus coupables et ceux dont la condamnation est la plus prolongée qui sont ferrés les premiers. La chaîne qui retient les forçats unis ensemble passe du collier à la ceinture, et remonte de la ceinture au collier de celui qui suit jusqu'à la fin de la chaîne, où elle est fixée de manière à ne pouvoir être rompue ni limée. Ce premier peloton ferré, un nouveau signal se fait entendre; une seconde bande de condamnés paraît, elle subit même visite, même ferrement et va de même se ranger contre les murs de gauche de la cour. Enfin, cent cinquante condamnés sont enchaînés. Les exempts de police, les officiers de sûreté, quelques avocats et plusieurs curieux s'approchent de ces hommes dont quelques-uns quittent le monde pour n'y jamais rentrer. Les uns accusent leurs juges; d'autres leurs avocats; quelques-uns parlent de leur innocence; le plus petit nombre avoue sa faute; endurcis dans le crime, deux ou trois scélérats entonnent des chansons d'une immoralité révoltante; d'autres échangent entre eux des plaisanteries, dans un langage qui fait sourire les exempts de police qui le comprennent. Le capitaine Thierry, officier de la chaîne, regarde ce tableau d'un œil stoïque. « Paris, » dit-il dans son langage qui semble un dialecte composé de la langue des bagnes et de celle des prisons, « Paris ne donne pas beaucoup, mais il y a de l'itinéraire, » voulant exprimer que pendant un trajet de plus de deux cents lieues qu'il va faire, il grossira la chaîne d'un grand nombre de condamnés aux travaux forcés qui attendent le passage.

» Un nouveau signal se fait entendre, c'est la cloche de la chapelle. Les forçats n'ont plus rien à attendre de la clémence des hommes ; mais il est une miséricorde dans laquelle ils peuvent épancher leur ame, si elle n'est point encore entièrement gangrenée. Toute la chaîne s'ébranle, traverse la cour, entre dans la chapelle ; là l'office divin se dit ; un ministre de charité monte dans la chaire de Saint-Vincent de Paul, appelle par d'éloquentes paroles le repentir dans les ames flétries ; il relève le courage du malheureux, il invoque le père de miséricorde pour ces hommes que le monde repousse, il promet une patrie pour ceux que le crime expatrie. Sa pieuse exhortation finie, la chaîne silencieuse des condamnés revient dans la cour, un dernier signal se fait entendre ; l'énorme porte de la prison ouvre ses deux battans ; les forçats, placés sur des charrettes, sortent de Bicêtre ; une escorte de gardes-chiourmes les suit sous les ordres du capitaine Thierry, et le bruit de la porte qui se referme annonce le départ.

» La chaîne bientôt arrive au haut de la montagne d'Essonne, lieu désigné pour la visite. Les forçats sont descendus de leurs chariots, et pour éviter, aux regards des spectateurs qui sont accourus, un dégoûtant spectacle, on les conduit dans un champ assez éloigné de la route. Là, ils se dépouillent de leurs vêtemens; puis, à un coup de sifflet du capitaine Thierry, ils battent des mains en applaudissant pour prouver qu'ils n'ont rien entre les doigts. Les gardes-chiourmes passent alors dans les rangs et procèdent à l'investigation la plus minutieuse.

» Après la visite, les forçats prennent leur repas dans l'étable d'une auberge. Après une halte de deux heures, ils se remettent en marche.

» A Châlons-sur-Saône ils sont embarqués dans des bateaux couverts d'une forte toile disposée en forme de tente, qui les dérobe aux yeux du public. Au confluent de la Saône et du Rhône, au-delà du pont d'Ainay, la chaîne est augmentée des chaînes volantes des condamnés des Cours d'assises du Rhône et de la Loire; enfin, après trente-quatre jours de marche, la chaîne est à un village distant de quatre lieues de Toulon. Un détachement de gardes-chiourmes et de gendarmes de la compagnie maritime a été à sa rencontre jusqu'à Ullioules, à une lieue de la ville, tandis qu'un autre détachement l'attendait au quartier de Castinau, sur le bord de la mer.

» Bientôt arrivent les autorités qui doivent assister à cette triste cérémonie : M. le sous-préfet, MM. le premier médecin en chef, le premier chirurgien en chef de la marine, le commissaire du bagne et les autres employés à ce service. On y conduit aussi un certain nombre d'anciens forçats, dits chaloupiers, qui doivent procéder à la toilette des nouveau-venus.

» Un vieux cabriolet se présente, les chaloupiers l'entourent aussitôt et offrent leurs hommages au personnage qu'il renferme : c'est le capitaine Thierry, dont tous les traits respirent la gaieté, malgré le spectacle de douleur qu'il a eu sous les yeux pendant trente-quatre jours. Comme ils s'empressent autour de lui, les mal-

heureux qu'il a conduits dans les années précé-
dentes, et qui n'ont que peu de temps encore
à passer aux galères ! « Bonjour, capitaine, s'é-
crient-ils tous à la fois, en l'aidant à mettre pied à
terre. — Bonjour, mes enfans, bonjour, mes
amis, » répond-il à ses vieilles connaissances.

» Un condamné, entre autres, s'était attaché à
ses pas ; il lui demandait des nouvelles de sa
famille : « J'ai une lettre et quinze francs pour
toi, » lui dit le capitaine, et l'infortuné bondit de
joie. « Combien as-tu encore de temps à rester
ici ? — Rien que deux mois. » Quelle allégresse
dans tous ses mouvemens ; il saute, il rit, il aura
bientôt quinze francs et la liberté. Quelques
autres rangent le cabriolet. « Ne vous amusez
pas à chercher, leur dit le capitaine, car je vous
connais, et je n'y ai rien laissé qui mérite le
pillage. »

» On annonce l'arrivée de la chaîne. Les forçats
sont descendus des charrettes devant la boulangerie de la marine, à dix minutes de distance
du lieu où les autorités les attendent. Aussitôt
le tambour bat, les gardes-chiourmes prennent
leurs fusils chargés et côtoient les bords de la
mer. Les forçats s'avancent sur deux rangs,
pressés et observés par de nombreux gardiens.

» Tout ce que la misère humaine a de plus hideux et de plus affligeant semblait réuni sur ce triste cortége ; le crime avait perdu toute son effronterie ; le repentir avait usé toute sa résignation, l'abattement était peint sur toutes ces physionomies. Ils sont conduits au bagne, lavés, fouillés de nouveau et accouplés, et quand ils auront passé quelques heures sur le banc que quelques-uns d'entre eux ne quitteront plus, ils seront livrés à tous les genres de supplices [1]. »

Je visiterai bientôt le bagne de Toulon. Là je trouverai, dit-on, une surveillance qui, pour être active, ne se croit pas, comme celle qui s'exerce à Rochefort, en droit d'être cruelle ; là peut-être une sévérité sagement calculée n'est-elle pas incompatible avec la pitié qu'on doit à l'homme coupable, dès que la loi l'a frappé ; là, pour découvrir quelques détails du hideux tableau des supplices, n'aurai-je pas besoin de revêtir le tablier de pharmacien ou de me cacher sous la *varreuse* [2] du forçat.

---

[1] *Voyez* les notes. — Bagne modèle.

[2] Capote en toile donnée l'hiver aux condamnés. ( Voir les notes.)

# NOTES
# ET DÉTAILS.

# NOTES ET DÉTAILS.

PAGE 3.

*Elles aussi ont des prétentions au droit de cité dans la nouvelle Botany-Bay.*

L'engouement général, en France, pour le système de colonisation, ne nous a pas été inspiré, dit M. Charles Lucas, par le succès de nos essais en ce genre. Il y a soixante-quatre ans, sur douze mille émigrés, la plupart Lorrains, gens honnêtes, paisibles et laborieux, qui s'embarquèrent pour la Guiane, trois mille seulement échappèrent à la mort. Le nom de Cayenne est encore environné de terreurs populaires. Lorsque le Directoire déporta une longue liste de proscrits en moins de deux mois, dit l'un des plus illustres de ces déportés, M. Barbé-Marbois, la moitié avait cessé de vivre. Les cent trente individus déportés aux îles Séchelles, il y a vingt-cinq ans, n'y furent point soufferts par la petite population de ces îles. Errans sur ces mers, ils croyaient avoir trouvé un refuge dans les îles du canal de Mozambique ; tous, ou presque tous, y périrent.

Mais toutes les préventions ont disparu devant la grande renommée de l'établissement des Anglais dans la Nouvelle-Hollande ; il n'est partout question que de Botany-Bay, de cette terre miraculeuse qu'on dirait qu'il suffit d'aborder pour en revenir bon et vertueux. En France, Botany-Bay est l'argument sans réplique des partisans de la réforme, et je n'ignore pas quel désenchantement je vais opérer parmi eux, en rétablissant, d'après des documens irrésistibles, la vérité dans tout son jour. Considérés sous le rapport moral de la réforme et de la correction des coupables, ces établissemens présentent un pénible résultat. D'après le rapport de M. Biddge, inspecteur-commissaire de la colonie, on voit que, dans l'intervalle de six années, onze mille sept cent soixante-sept condamnés sont arrivés à la Nouvelle-Hollande ; or, on dit que sur cent convicts, huit ou neuf sont de mœurs irréprochables, quoique encore l'évidence n'en soit pas d'une clarté bien démontrée. Osera-t-on présenter ce résultat pour attester le succès moral de la colonisation ?

Je vais maintenant ouvrir ou citer le journal de M. Lesson. Ce n'est point ici un homme à système, partisan ou ennemi de la colonisation; c'est tout simplement un savant qui s'occupe de botanique, de zoologie, et non de convicts, mais qui, les rencontrant sur son chemin, nous les montre en observateur judicieux et désintéressé, tels qu'il les a vus et jugés.

« Nous rencontrâmes plusieurs convicts déserteurs qu'on ramenait à *Paramatta*. Ceux qui les avaient arrêtés étaient des voituriers, qui nous dirent que cent de ces misérables erraient dans les montagnes, et menaient la vie la plus malheureuse en volant et en tuant les voyageurs. On les nomme *bushrangers*. Mais dans les montagnes Bleues, ils ne tuent presque jamais, et ils se bornent seulement à enlever les vivres et objets de valeur. La terre de Van-Diémen a plus particulièrement été le théâtre de leurs déprédations, et comme ils y vivaient en bandes organisées très-inquiétantes, il a fallu parfois mettre à prix la tête de ceux qui se distinguaient par leurs crimes. »

Quel que soit l'espoir dont un ami de l'humanité aimerait à se bercer sur le retour à de bonnes

mœurs chez de tels hommes, il serait détruit par
ces vols nombreux et répétés, qui journellement
et sans discontinuer se commettent dans la colonie, et c'est au point qu'on ne peut se fier aux
papiers écrits et signés, à moins qu'on ne les re-
çoive de gens librement arrivés d'Europe et connus. (M. CHARLES LUCAS. *Des Garanties répres-
sives.*)

PAGE 6.

*D'autres publicistes appellent l'attention sur le régime pénitentiaire. Ils demandent la servitude après les supplices, ou plutôt la continuité des supplices sous une autre forme.*

Croirait-on faire une concession à l'humanité, en remplaçant les tortures du bagne par le *solitary confinement*, sur lequel on a fait tant de rêves théoriques ! Un homme livré à la solitude la plus absolue, renfermé seul dans une cellule pendant des semaines, des mois, des années, condamné à un silence éternel, n'est-il pas mille fois plus cruellement frappé par la loi que celui qui ne subirait que la peine des travaux forcés !

L'homme condamné au *solitary confinement*, dit feu M. le duc de Larochefoucauld-Liancourt dans son ouvrage sur les prisons de Philadelphie, est dans une espèce de cellule de huit pieds sur six, et de neuf d'élévation. Cette cellule est fermée par deux grilles en fer. Là, séparé de tous les autres, livré à la solitude, aux réflexions, aux regrets, il n'a de communication avec personne, il ne voit même le porte-clefs qu'une fois par jour, quand celui-ci lui apporte une espèce de pudding grossier, fait avec de la farine de maïs et de la mélasse. Jamais, à moins de maladie, il ne sort même dans le corridor, tant que dure cet étroit emprisonnement.

Quand en 1786 parut aux États-Unis la loi qui abolissait la peine de mort, et qui ordonnait le nouveau régime des prisons, deux prisonniers arrêtés pour crimes que l'ancien Code pénal punissait de mort, et qui, par le nouveau, ne l'étaient que de détention, préférèrent être jugés selon l'ancienne loi, plutôt que de se soumettre au *solitary confinement*. L'un des deux fut condamné à mort. (M. DE LIANCOURT.)

De l'aveu des condamnés, dit le docteur Pariset chargé d'un rapport, la peine la plus insupportable est celle de l'isolement.

L'emprisonnement solitaire, dit miss Wright (*Voyage aux États-Unis*), est plus redouté que la mort. Cette captivité a fait éprouver aux criminels des douleurs mentales qu'ils auraient voulu échanger contre les douleurs passagères de l'échafaud.

L'institution du moulin à pied (*the tread-mill*) semble-t-elle plus philantropique? La description seule de son ingénieux et cruel mécanisme fait trembler quiconque cherche à allier un peu l'humanité à l'application d'une loi pénale.

Quinze ou vingt hommes, sur une ligne parallèle, se tiennent des deux mains à une barre de bois, et posent alternativement les pieds sur les marches d'une roue qu'ils font mouvoir par le poids de leur corps ; c'est-à-dire que les travailleurs font toujours le mouvement de monter, quoiqu'ils restent à la même place. Chacun d'eux fait environ cinquante pas par minute. Ce mouvement d'excursion est tellement fatigant, qu'il ne peut être continué au-delà d'un quart-d'heure ; mais, après un repos de cinq à six minutes, le prisonnier remonte, et ce mouvement de rotation continue depuis le matin jusqu'au soir. D'autres créateurs d'établissemens disciplinaires ont été partisans du *moulin à bras*; c'est changer la forme d'un instrument de supplice, sans diminuer ce qu'il a d'atroce. Le système pénitentiaire, comme le comprend M. Charles Lucas, serait l'accomplissement d'un beau rêve qu'il n'est pas permis d'espérer.

Quand Elam Lynds s'éloigna des prisons d'Auburn et de Sing-Sing, dans lesquelles sa fermeté, sa modération, sa connaissance du cœur humain avaient opéré tant de prodiges, le système tomba parce qu'il n'avait plus, pour le soutenir, l'homme de bien qui l'avait créé. Par qui peut-on se flatter de faire exécuter les théories présentées par M. Charles Lucas, à moins que lui-même ne quitte la robe d'avocat pour prendre la clef du geôlier !

## PAGE 11.

*Le père Théodore de Blois, capucin, l'unique historien qui ait écrit sur Rochefort.*

Il manquait un ouvrage moderne sur l'un de nos plus beaux ports de construction. M. Thomas, ancien commissaire de marine, vient de publier, sous le titre de Mémoires pour servir à l'Histoire de la ville et du port de Rochefort, un recueil[1] de notes précieuses, présentées dans un ordre que devraient adopter tous ceux qui livrent à l'impression des matériaux historiques. La partie qui regarde l'administration civile, la notice sur le commerce, les détails chronologiques sur la châtellenie de Rochefort, offrent un intérêt puissant pour tous ceux qui sont curieux de connaître l'histoire de leur pays. M. Thomas ne défend pas la prétention des habitans de Rochefort, qui soutiennent la salubrité de leur climat. L'historien suit, dans sa marche, l'assainissement de la ville, mais il est loin d'avouer qu'il ne reste plus rien à

---

[1] Se vend à Rochefort, chez Faye fils, imprimeur-libraire ; 1 vol.

faire pour purger cette terre redoutable, surtout dans les mois d'août et de septembre.

De 1766 à 1790, de grands travaux sont faits à Rochefort; on creuse beaucoup de canaux et fossés; ces travaux produisent, pendant le temps de leur exécution, des émanations dangereuses.

De 1792 à 1802, on néglige les travaux commencés, on cesse de curer les fossés, des cloaques s'établissent dans la ville et dans le port, les rues se dégradent, et la police n'est pas sévèrement faite.

De 1803 à 1814, l'ordre renaît, la ville se pave dans sa totalité; l'infection qui frappe les paveurs et les habitans voisins des cloaques, produit des maladies graves qui attestent assez l'influence pernicieuse qu'ils ont eue pendant l'époque précédente.

De 1814 jusqu'à présent, la sanification du pays s'opère, et cette riche contrée *deviendra* salubre, *si* les travaux entrepris sont achevés, *si* ceux dégradés sont restaurés; *si* l'on entreprend l'exécution des projets les plus importans. Des canaux habilement tracés procureraient avec facilité le dessèchement des marais gâts des environs de Brouage, et produiraient dans le sud une amélioration si heureusement commencée dans le nord.

On peut juger, par le tableau qui suit de la mortalité dans le bagne, si le climat de Rochefort a subi des assainissemens sensibles.

| ANNÉES. | EXISTANT. | MORTS. | ANNÉES. | EXISTANT. | MORTS. |
|---|---|---|---|---|---|
| | | | | | 5,195 |
| 1766 [1] | 539 | 3 | 1797 | 1,300 | 208 |
| 1767 | 251 | 32 | 1798 | 1,610 | 136 |
| 1768 | 464 | 155 | 1799 | 1,548 | 271 |
| 1769 | 750 | 209 | 1800 | 1,603 | 359 |
| 1770 | 615 | 106 | 1801 | 1,914 | 272 |
| 1771 | 582 | 116 | 1802 | 2,103 | 335 |
| 1772 | 579 | 109 | 1803 | 2,170 | 310 |
| 1773 | 600 | 122 | 1804 | 1,831 | 356 |
| 1774 | 628 | 84 | 1805 | 1,876 | 293 |
| 1775 | 640 | 51 | 1806 | 1,775 | 171 |
| 1776 | 753 | 54 | 1807 | 1,762 | 171 |
| 1777 | 1,143 | 155 | 1808 | 1,751 | 115 |
| 1778 | 1,477 | 150 | 1809 | 1,719 | 112 |
| 1779 | 1,299 | 352 | 1810 | 1,747 | 124 |
| 1780 | 1,313 | 533 | 1811 | 1,795 | 202 |
| 1781 | 760 | 202 | 1812 | 1,998 | 275 |
| 1782 | 634 | 155 | 1813 | 1,791 | 156 |
| 1783 | 950 | 255 | 1814 | 2,001 | 110 |
| 1784 | 1,057 | 204 | 1815 | | [2] |
| 1785 | 1,185 | 133 | 1816 | | 68 |
| 1786 | 1,280 | 277 | 1817 | | 62 |
| 1787 | 1,082 | 179 | 1818 | | 79 |
| 1788 | 946 | 110 | 1819 | | 131 |
| 1789 | 1,101 | 96 | 1820 | | 262 |
| 1790 | 1,016 | 89 | 1821 | | 194 |
| 1791 | 970 | 82 | 1822 | | 248 |
| 1792 | 1,098 | 101 | 1823 | | 219 |
| 1793 | 1,603 | 135 | 1824 | | 165 |
| 1794 | 1,435 | 364 | 1825 | | 93 |
| 1795 | 1,195 | 205 | 1826 | | 130 |
| 1796 | 2,073 | 311 | 1827 | | 124 |
| | | 5,493 | | | 11,090 |

[1] Du 9 octobre, jour de l'établissement, au 1er janvier.
[2] J'ignore le chiffre de cette année.

Au 6 août 1827, la situation des lits de l'hôpital donnait un total de deux cent quatre-vingt-deux forçats, dont deux cent trente-huit fiévreux, et quarante-quatre blessés, ce qui excédait de beaucoup la huitième partie de la population.

Au 30 août il existait, à l'hôpital, quatre cent quatre forçats malades. Au bagne Martrou, établi en succursale, soixante-cinq forçats, ce qui donnait quatre cent soixante-neuf forçats, ou beaucoup plus du quart des condamnés.

Du mois d'août au 4 septembre, il est mort onze forçats.

Je donne ici le tableau de situation des lits, comme document irrévocable. L'hôpital étant consacré aux soldats de la marine et aux condamnés, j'y ferai figurer ces deux classes d'individus.

# HOPITAL DE LA MARINE A ROCHEFORT.

Situation des lits au 6 août 1827.

| NOMS DES SALLES | | NOMBRE DE LITS | | | |
|---|---|---|---|---|---|
| | | Occupés par | | VIDES. | TOTAL |
| | | MALAD. | SERV. | | |
| **Hommes libres** — févreux | Hôtel de Mars | 4 | 1 | 21 | 26 |
| | Ste. Rose, s.-off. | 13 | » | » | 13 |
| | Sainte-Rose | 8½ | 3 | 6 | 9? |
| | Saint-Pierre | 79 | 3 | » | 82 |
| | Notre-Dame | 78 | 3 | 5 | 86 |
| | Sainte-Victoire | 74 | 3 | 4 | 81 |
| | Saint-Bernardin | 73 | 3 | 2 | 78 |
| | Saint-Charles | 66 | 3 | » | 76 |
| | Saint-Damien | » | » | 55 | 55 |
| | | 471 | 19 | 96 | 586 |
| blessés | Saint-Louis | 58 | 2 | 5 | 65 |
| | Saint-François | » | » | 12 | 12 |
| | | 58 | 2 | 17 | 77 |
| vén. et gal. | Saint-Eustache | 41 | 2 | 3 | 46 |
| | Saint-Gabriel | 24 | 1 | 18 | 43 |
| | | 65 | 3 | 21 | 89 |
| prisonniers | Saint-Sébastien | 20 | 1 | 32 | 53 |
| **Forçats** — févreux | Saint-Hubert | 94 | 9 | » | 103 |
| | Saint-Michel | 81 | 6 | 9 | 96 |
| | Sainte-Adélaïde | 63 | 6 | 9 | 78 |
| | | 238 | 21 | 18 | 277 |
| blessés | Saint-Joseph | 44 | » | » | 44 |
| | Saint-Vincent | » | 15 | 32 | 47 |
| | Hangar | » | » | 60 | 60 |
| | | 44 | 15 | 92 | 151 |

## RECAPITULATION.

| | | MALAD. | SERV. | VIDES. | TOTAL |
|---|---|---|---|---|---|
| Libres | févreux | 471 | 19 | 96 | 586 |
| | blessés | 58 | 2 | 17 | 77 |
| | vénér. et galeux | 65 | 3 | 21 | 89 |
| | prisonniers | 20 | 1 | 32 | 53 |
| Forçats | févreux | 238 | 21 | 18 | 277 |
| | blessés | 44 | 15 | 92 | 151 |
| | | 896 | 61 | 276 | 1,233 |

Le 30 août il existait, à l'hôpital, 1,222 malades.

SAVOIR :

| Individus appartenant à la marine .......... | 752 | Fiévreux ............. | 1,107 |
| — à la guerre ......... | 61 | Blessés ............. | 71 |
| Prisonniers civils ..... | 5 | Vénériens ........... | 43 |
| Forçats ............. | 404 | Galeux ............. | 1 |
| | 1,222 | | 1,222 |

*Plus à Saintes.*

— à la marine ......... 199

*Au Martrou,*

Forçats ¹ ......... 65

1,486

¹ Ce qui met le nombre des forçats à 469.

*L'empressement de certains chefs qui, servant la curiosité du visiteur, s'en établissent les guides officieux pour lui masquer quelques détails du tableau.*

Comment se rendre compte du sentiment de satisfaction manifesté par des visiteurs qui, en sortant des salles du bagne, sont ravis de l'ordre qui y règne, et de l'état de bien-être dans lequel on entretient les condamnés! Voyons M. Appert arriver dans ces lieux de réclusion : « M. le préfet maritime donna des ordres, dit-il, pour me laisser visiter le bagne avec une entière liberté. Après avoir parcouru *assez vite* les salles avec l'aide-de-camp de M. le préfet maritime, arriva M. le commissaire ; il me témoigna ses regrets de n'avoir pas fait avec moi la première visite, et nous convînmes de voir de nouveau ensemble toutes les parties du port. Je revins à onze heures pour trouver tous les forçats réunis, et le *commissaire s'empressa de me conduire* aux salles. Des coups de sifflet et des

cris à bas les bonnets! annoncèrent aux condamnés *notre* visite. »

Je le demande avec tout le respect que doit
inspirer le dévouement d'un homme qui consacre
son existence au bien de l'humanité, est-ce par
des visites faites ainsi que celui qui cherche à
signaler les abus parviendra à les connaître?
Quel forçat osera se plaindre pendant cette sorte
de revue solennelle? quel garde-chiourme ne
comprimera pas un moment son besoin de brutalité? Des lettres peuvent être remises par les
condamnés à celui qui les inspecte; mais le visiteur ne pouvant que prier pour le plaignant,
n'étant revêtu d'aucune autorité pour faire cesser
le mal, le condamné n'a-t-il pas à craindre la
vengeance des agens que la pitié du visiteur aurait pu un moment suspendre? Qui ne se
rappelle ces époques d'inspection au collége
des départemens! Quand un des membres de
l'Université arrivait, des habits neufs étaient
faits à la hâte, la qualité des alimens changeait,
le vin recevait une quantité d'eau moins pesante que de coutume. Si ces petits stratagèmes
étaient employés dans un lieu d'instruction, à
bien plus forte raison peut-on voir ces tours de
passe-passe administratifs dans un asile de réclu-

16.

sion où le bien-être des hommes est compté pour si peu de chose. La présence de M. Appert serait utile dans les bagnes sans doute, mais il faudrait qu'il y demeurât constant intermédiaire entre le pouvoir qui pourrait réprimer et la surveillance qui s'égarerait dans ses mesures pénales. Sa présence d'une semaine dans un bagne est presque nulle pour l'effet moral qu'on serait en droit d'en espérer si elle se prolongeait. J'affirmerai presque qu'une visite faite rarement par un homme qui est le censeur de tous les actes de brutalité, ajoute dix ou vingt bastonnades dans le tableau habituel des corrections. Ce que dit un vieux forçat à M. Appert vient à l'appui de ce que j'avance : *Je dois rester ici toute ma vie*, disait cet homme, *mais si vous restiez avec nous, ça me serait égal.*

*Telle est la livrée du forçat.*

Le costume du forçat, déterminé par une ordonnance, est la veste sans collet, échancrée au
cou de manière à le découvrir presque entièrement, le caleçon de drap rouge descendant un
peu plus bas que le genou, la jambe nue. Tous
cependant portent des pantalons et des vestes à
collet. Ce changement au costume est aux frais
des forçats. L'été, deux pantalons de toile rem-
placent le pantalon d'étoffe. Ils ont deux chemises,
une paire de guêtres, un bonnet et une vareuse
pour l'hiver.

Long-temps, dans les chiourmes, le linge des
forçats était lavé avec de l'urine que l'on conser-
vait toute la nuit dans les seaux, et qui le matin,
après la défilée, était remise aux blanchisseuses
pour en faire usage.

----

## PAGE 33.

*Quelques mots du langage des prisons.* (Argot.)

Les malfaiteurs, s'isolant de l'ordre social, ont dû se créer un langage qui leur assurât le mystère. Leur langue de tradition, qui s'enrichit tous les jours, laisse échapper des expressions d'une énergie étonnante. Parmi les mots qui offrent les métaphores les plus hideuses, on remarque quelques phrases qui ne sont pas sans un certain charme de poésie. C'est ainsi qu'ils appellent la lune *la luisante*, la sonnette *la babillarde*, la paille *la frétillante*. Un nom qui peint d'une manière énergique l'objet qu'il désigne, est celui donné à la guillotine : ils la nomment... *la veuve!*

———

## PAGE 89.

*Les nombreux tributs que le bagne de Roche-
fort a payés à ce champ de repos.*

Depuis 1816 jusqu'en 1827, il est mort à Rochefort mille sept cent soixante-huit forçats,
et le total des décès depuis son établissement
est de onze mille neuf cent quatre-vingts (deux
années exceptées, 1814 et 1815, dont j'ignore le
chiffre de mortalité).

## PAGE **99.**

*En est-il que vous ayez absous parmi les con-*
*damnés?*

Il est malheureusement certain qu'il existe
dans les bagnes quelques hommes non coupables. Je m'arrêtai, dit M. Appert, devant un
condamné dont l'innocence paraît certaine, c'est
pour suivre son fils qu'il s'est déclaré criminel ;
il supporte avec résignation le résultat de son
amour paternel ; ses chaînes ne lui paraissent pas
lourdes ; il ne laisse pas échapper un regret ; sa
pensée est la liberté de son fils, et cette idée lui
fait supporter avec une espèce de bonheur cet
ignominieux esclavage.

Un condamné nommé Bloix est au bagne avec
son père, qui, impliqué dans la même affaire,
fut condamné également ; depuis ce jugement, un
homme, à l'instant de mourir, a déclaré qu'ils
étaient innocens et que c'était lui qui avait commis le crime. Cette déclaration a été faite à un
fonctionnaire honorable qui affirme le fait sous
serment.

Encore une preuve fournie par un acte du plus sublime dévouement. François Mayenne, d'Auch, fut accusé d'une tentative de meurtre en 1822. Il avoua le crime, fut condamné aux travaux forcés à perpétuité. Le bourreau lui plaça le fer brûlant sur l'épaule ; il revêtit l'habit du bagne, et là, par la ruse d'un agent de police, on obtint l'aveu du plus sublime dévouement. François Mayenne n'était pas coupable ; il s'était présenté à la place de son père, et avait parcouru pour lui tous les degrés de la honte et de la barbarie des hommes. La clémence royale était là pour récompenser ce trait de dévouement filial. Le 18 juin 1823, des lettres de grâce, pleine et entière, arrivèrent au bagne ; elles furent données à Mayenne en présence de tous les condamnés, et le stigmate de honte empreint sur son épaule devint pour lui un insigne de gloire.

## PAGE 100.

*A ce moment, deux Nègres passèrent près de nous.*

Peut-être ai-je confondu le nègre Louis avec Charles et Polycarpe, Nègres aussi condamnés aux travaux forcés par la Cour de la Martinique, comme soupçonnés de crime d'empoisonnement sur des hommes et des animaux.

Polycarpe, dans une requête adressée à M. Appert et rédigée sans doute par un payot, s'exprime ainsi :

« J'ai été confondu dans une réunion d'infortunés que des haines entre des blancs habitant la colonie, ont conduits à l'infamie sous le spécieux prétexte de révolte dont les premiers actes se faisaient sentir par des empoisonnemens.

» Mes juges en me condamnant m'ont cru coupable, ils ont cédé au cri de leur conscience et au besoin de donner un grand exemple à la multitude qu'il fallait effrayer; mais il est possible aussi que la justice ait été trompée, et j'atteste le ciel qu'elle l'a été à mon égard. Je vous supplie, Monsieur, interrogez mes chefs sur mon compte et sur celui de mes compagnons d'infortune ; ils vous diront tous que nous sommes bons, doux et d'une obéissance extrême. En mettant le pied sur la terre continentale, nous avons tout perdu, parens, amis et protecteurs ; personne n'intercédera pour nous, et le Roi ignorera toujours que nous gémissons dans ses ports. »

Ces deux Nègres, ajoute M. Appert, ont résisté à la contagion des bagnes, ils obéissent sans murmure, travaillent avec courage et sont l'objet continuel des louanges des employés. Un forçat dit à leur sujet : « Ces gens-là sont bien malheureux, ils ne peuvent pas s'habituer ici ; la vie du bagne les rend à plaindre, et nous serions tous contens de les voir retourner chez eux ; ils ne sont pas capables de faire du mal à un enfant ; tâchez donc de les faire gracier. »

## PAGE 104.

### *D'un agent en chef de la surveillance.*

« M. Cr........, homme probe, remplit ses devoirs avec intégrité, » dit M. Appert dans la Relation de son Voyage à Rochefort. Rendre hommage à la probité du commissaire du bagne n'est point s'imposer l'obligation de louer les actes de son administration. Quand on entre aussi courageusement que le fait M. Appert dans la route des améliorations, il faut tailler dans le vif, et souvent contrarier les exigences de la galanterie. L'intendance d'un bagne ne convient ni au caractère, ni à la méthode administrative de M. Cr........ Il se renferme trop dans l'obligation de la surveillance ; dans la garde d'un forçat, il voit la responsabilité *d'un corps ;* on aurait bien du mal à le convaincre que la société exige de la détention quelque chose de plus que la conservation d'un individu, et que la direction morale des condamnés, le développement de l'état intellectuel, doivent être aussi l'objet des soins d'un agent de surveil-

lance. « Les gardes ont besoin, dit M. Appert,
d'être tenus sévèrement : les gardes-chiourmes
ne doivent pas oublier que les réglemens inter-
disent de frapper les galériens. » N'est-ce pas là
le motif d'un reproche à adresser au chef?
L'homme qui a entre les mains le pouvoir discrétionnaire est le seul qu'on doive accuser de
ce relâchement dans les rangs des agens secon-
daires. Au reste, si M. Cr........ s'est trompé sur
son système, M. Appert aura peut-être été assez
heureux pour le convertir, et lui persuader
qu'un commissaire du bagne ne doit pas laisser
toujours son *cœur à domicile.*

# PAGE 112.

## RATION DES CHIOURMES.

### *Rations des Forçats invalides.*

| | |
|---|---|
| Vin. . . . . . . . . . . . . . . . . . . . | 48 centil. |
| Pain. . . . . . . . . . . . . . . . . . . | 750 gram. |
| Viande fraîche avec légumes verts, mardi, jeudi, samedi, dimanche. . | 250 |
| Légumes secs, lundi, mercredi, vendredi. . . . . . . . . . . . . . . | 120 |
| Beurre. . . . . . . . . . . . . . . . | 8 |
| Sel. . . . . . . . . . . . . . . . . . | 10 |

### *Rations des Forçats sans travail.*

| | |
|---|---|
| Pain. . . . . . . . . . . . . . . . . | 917 gr.   cent. |
| Légumes. . . . . . . . . . . . . . | 120 |
| Beurre. . . . . . . . . . . . . . . | 89   82 |
| Sel. . . . . . . . . . . . . . . . . | 10 |

### *Rations des Forçats au travail.*

| | |
|---|---|
| Pain [1]. . . . . . . . . . . . . . . | 917 gr. |
| Fromage. . . . . . . . . . . . . . | 30 |
| Vin. . . . . . . . . . . . . . . . . | 48 |
| Légumes secs . . . . . . . . . . | 120 |
| Huile ou beurre. . . . . . . . . | 4 |
| Sel. . . . . . . . . . . . . . . . . | 10 |

[1] Le pain entrant dans la composition des rations des forçats, soit au travail, soit sans travail, soit invalides, est fait avec des farines de froment épurées à 12 pour 100.

*Ordonnance du 5 février 1821*

*Il est porteur enfin de la cartouche jaune.*

Les forçats, lors de leur mise en liberté, reçoivent une feuille de route jaune, dont voici le modèle.

PORT
DE
**ROCHEFORT.**

N. D'ENREGISTREMENT.

Le dénommé au présent congé a choisi pour résidence
département de

N. B. Signalement actuel pris sur l'individu, et non copié sur les matricules.

**CHIOURME.**

—

CONGÉ DE FORÇAT.

*Le Commissaire de la Marine, préposé à l'administration et police du Bagne de*
*certifie à tous qu'il appartiendra que, d'après les ordres de Son Excellence le Ministre de la Marine et des Colonies, en date du*
*, il a en sa présence fait détacher de la chaîne et mettre en liberté le nommé*
*forçat, détenu en ce port sous le numéro*
*fils de                    et de*
*profession de                , né à*
*département d*

*Taille d'un mètre              centimètres,*
*cheveux          , sourcils          , barbe          .*
*visage          , yeux          , nez          , bouche*
*          , menton          , front          , lequel avait été condamné à l'âge de                    à la peine de          ans de fers, le*
*par                              séant à*
*pour*

# EXPOSÉ.

*Lequel a déclaré choisir pour résidence*        *, département de*        *En foi de quoi le présent lui a été expédié, pour lui servir et valoir ce que de raison, sous la condition qui lui a été notifiée, lorsqu'il a été remis aux autorités civiles, de se conformer aux dispositions du décret du 17 juillet 1806.*

*Art. 5. Aucun forçat libéré, à moins d'une autorisation spéciale du Directeur général de la police, ne pourra faire sa résidence dans les villes de Paris, Versailles, Fontainebleau, et autres lieux où il existe des palais royaux; dans les ports où les Bagnes sont établis; dans les places de guerre, ni à moins de trois myriamètres de la frontière et des côtes.*

*Art. 10. Aucun forçat libéré ne pourra quitter le lieu de sa résidence sans l'autorisation du Préfet du département.*

*Art. 11. Sur toute la route à suivre par le forçat libéré, l'officier public du lieu, auquel il sera tenu de se présenter, visera sa feuille, et notera la somme qu'il aura remise au forçat libéré pour se rendre à la nouvelle couchée qu'il lui aura indiquée.*

*Art. 12. Arrivé à sa destination, le forçat libéré se présentera au Commissaire de police ou au Maire du lieu, qui lui délivrera son congé en échange de sa feuille de route.*

*Si le dénommé au présent congé enfreint les ordres qui s'y trouvent mentionnés, et s'il est rencontré hors de la route qui lui aura été tracée, il sera arrêté et poursuivi par qui de droit pour subir les peines qu'il aura encourues.*

*Fait à Rochefort, le*      *du mois d*      *mil-huit-cent-vingt*

*Vu par le Contrôleur de la Marine.*

*Vu par le Commissaire-général de la Marine.*

PAGE 152.

*Il les rend constantes victimes des accès de*
*sa brutalité.*

Me voilà attaché ici pour plusieurs années ; je
suis jeune, bien portant, et je ne puis travailler,
parce que j'ai voulu m'évader : je suis condamné à
vie ; quelle est mon espérance, si je ne parviens
pas à briser mes chaînes ! Je ne renonce pas à ce
projet ; à la première occasion, je prendrai ma
volée. Je m'ennuie ici, j'aimerais mieux mourir
que d'y rester long-temps. La nourriture est
toujours la même ; au moindre mot, les gardiens
nous traitent comme des bêtes féroces ; ils ne se
gênent pas pour nous appeler brigands : ils nous
disent quelquefois : Si on vous avait rendu justice,
vous ne seriez pas ici ; il y a long-temps que le
bourreau aurait fait votre affaire. De telles paroles sont loin de nous calmer. Au bagne comme
dans les prisons, si on veut rendre les hommes
meilleurs, il faut se garder de les abaisser.
(M. APPERT. *Conversation d'un détenu à la double*
*chaîne.*)

PAGE 161.

*Les forçats qui remplissent les fonctions d'infirmiers ou servans.*

Les servans à l'hôpital sont répartis dans les salles des forçats et dans celles des marins. La sévérité se relâche beaucoup pour cette classe de condamnés ; mais s'il arrive qu'un servant se rende coupable, il est puni par son renvoi dans les salles du bagne ou à la fatigue. Un suicide affreux eut lieu au mois de septembre 1827. M. D....., employé supérieur de l'administration de la marine, se donna la mort d'une manière dont les annales de la médecine offrent peu d'exemples. La veuve réclama une alliance que le défunt avait portée au doigt. Ni les sœurs, ni les chirurgiens n'avaient vu ce bijou au malade. Les soupçons tombèrent sur un *forçat servant.* Sans écouter sa justification, il fut renvoyé du service de l'hôpital, remis aux cruelles fatigues du port. Je vis cet homme partir les yeux baignés de larmes ; on eût dit qu'il allait au supplice. Le souvenir d'un trait plus récent prouve combien la priva-

tion d'un allègement mérité par la bonne conduite peut aigrir le cœur d'un condamné.

Le nommé Planchet [1], militaire, appartenant
à une honnête famille, avait été condamné à cinq
ans de fers par un conseil de guerre, pour détour-
nement d'effets militaires. Il subissait sa peine à
Brest, et ses chaînes devaient tomber dans dix-
huit mois. Il s'était toujours fait remarquer par
sa soumission; il était servant à l'hôpital. Après
une faute, cet emploi lui fut enlevé, et il retourna
à la fatigue.

Dès ce moment, une sombre mélancolie s'empara de Planchet; il manifestait le dégoût de la
vie, et disait à ses camarades qu'il ne terminerait
pas son temps au bagne. Se persuadant que le
forçat Bourgon, ex-ecclésiastique, avait écrit à sa
famille pour la détourner d'envoyer à Planchet
les secours qu'il en recevait tous les mois, il emprunte un rasoir au barbier, va trouver Bourgon
qui était couché, lui applique une main sur le
front, et lui porte le rasoir à la gorge. L'instrument ne frappe que sur la partie inférieure
du menton, elle se détache et tombe sur le cou
du malheureux Bourgon.

[1] Gazette des Tribunaux.

Planchet revient vers ses camarades, jette le rasoir, en disant : « Le prendra désormais qui voudra, je n'en ai plus besoin. » Bourgon s'étant mis à appeler, Planchet saute de nouveau sur le rasoir, court à Bourgon, en disant : « Comment, vieux scélérat, tu n'es pas mort! Attends, je vais t'achever... » Mais on était accouru : « Qui a commis le crime? — C'est moi : qu'on n'en cherche pas d'autre. » Il remet le rasoir à l'adjudant.

Planchet comparut devant le Tribunal spécial maritime; il fut condamné à la peine capitale. Il ne s'émut qu'en entendant le réquisitoire, qui portait que tout condamné à mort devait avoir la tête tranchée.

## PAGE 173.

*Les enfans s'en éloigneraient avec crainte,
les vieillards avec mépris.*

Le trait suivant est une des nombreuses preuves des maux que l'opinion prépare à l'homme qui a subi une condamnation.

Un nommé Delègue, en 1827, après avoir subi quatorze années de travaux forcés, était revenu dans la commune de Chabris ; il avait su, pendant sa captivité, se concilier les bonnes grâces d'un des employés supérieurs du port de Rochefort, qui en avait fait son chef de cuisine. Cette place avait procuré à Delègue le moyen de faire des économies, et il était parvenu à amasser une somme suffisante pour acheter une petite propriété. Depuis son retour, sa conduite était irréprochable ; secondé d'un domestique, il cultivait tranquillement son petit héritage. Mais on n'ignora pas long-temps qu'il était de la commune de Meneton-sur-Cher, qu'il revenait du bagne, et aussitôt tout le monde l'abandonna. Se présentait-il au marché, chacun le regardait, et il restait seul ; paraissait-il le dimanche à la messe, au même instant ses voisins reculaient, et un vide le séparait des autres assistans. Personne ne voulait travailler pour lui ; il ne pouvait avoir de domestiques ; il était isolé, privé de toute communication avec les habitans de Chabris. Que fera-t-il dans une telle position ? Sa conduite est régulière, personne ne se plaint de lui, il remplit tous ses devoirs de citoyen et de chrétien, et cependant on le fuit de toutes parts ; que gagne-t-il à être honnête homme, puisqu'on le traite comme s'il ne l'était pas ? Son parti est bientôt pris ; il retournera aux galères : là du moins on pourra apprécier sa conduite, et personne ne rougira de l'approcher.

Un matin, avant le jour, il se rend chez un de ses voisins, franchit la clôture de sa cour, force la porte de son poulailler et lui vole un chapon. Il se rend chez lui, plume la bête, et met les plumes devant sa porte. Bientôt le propriétaire volé se réveille ; il voit sa basse-cour en désordre ; il crie au voleur. L'autorité accourt, constate l'effraction et commence ses recherches. Delègue est sans contredit visité le premier ; la plume du chapon est à sa porte ; le propriétaire la reconnaît. Delègue est l'auteur du vol ; il n'en faut pas douter ; le maire l'interroge : bientôt le coupable lui montre le chapon plumé, et convient qu'il l'a volé la nuit avec escalade et effraction. Traduit à la Cour d'assises pour ce nouveau crime, Delègue s'en reconnaît l'auteur ; il en raconte toutes les circonstances ; et, dans un plaidoyer écrit, il expose les raisons qui l'ont porté à le commettre. Condamné, il est encore au bagne. (*Gazette des Tribunaux.*)

## PAGE 217.

*On ose demander aujourd'hui si l'homme use d'un pouvoir légitime, lorsque juridiquement il tranche la vie à un homme.*

Dans un moment où la question de la peine de mort devient la thèse des criminalistes, les physiologistes plus que jamais doivent s'occuper des recherches sur le plus ou moins d'atrocité du supplice. Quand les Chaussier, les Magendie, les Broussais doutent dans cette grande question, qui pourra la résoudre? Le discours que je transcris, s'il n'est pas matière probante, est au moins un monument des discussions qui se sont élevées sur ce sujet si grave [1].

« En adoptant la peine de mort, on semble s'être attaché principalement à l'idée que, par le moyen de la machine connue sous le nom de guillotine, on terminerait la vie de la manière la

---

[1] Je trouvai ce discours entre les mains d'un forçat. Depuis j'appris que cette opinion était celle de Sœmmering, savant professeur allemand.

plus sûre, la plus rapide et la moins douloureuse; mais on ne paraît pas avoir réfléchi aux affections de la sensibilité qui continuent encore après le supplice, ni avoir calculé la durée de cet état, et travaillé à l'abréger.

» Il est cependant aisé de démontrer à quiconque possède quelques légères connaissances de la construction et des forces vitales de notre corps, que le sentiment n'est pas entièrement détruit par ce supplice. Ce que nous avançons est fondé, non sur des suppositions et sur des hypothèses, mais sur des faits.

» 1°. Le siége du sentiment est dans le cerveau;

» 2°. Les opérations de cette conscience des sentimens peuvent se faire quoique la circulation du sang par le cerveau soit suspendue, ou faible ou partielle : donc la guillotine doit être un genre de mort horrible.

» Dans la tête séparée du corps par ce supplice, le sentiment, la personnalité, le *moi*, reste vivant pendant quelque temps, et ressent l'arrière-douleur dont le cou est affecté.

» Développons cette vérité en faveur de ceux qui pourraient la trouver moins évidente, faute d'avoir une connaissance exacte des deux principes d'où elle découle.

» De la preuve que le siége du sentiment se trouve dans le cerveau, résultent les observations suivantes :

» 1°. L'expérience atteste que lorsque le cerveau reste intact, il n'est pas de membre, de viscère, d'organe qui ne puisse être détruit, sans que ni le sentiment, ni la faculté de penser, ni la volonté, ni la mémoire en souffrent ; la moelle épinière même pourra être blessée ou dans un état de compression, sans que l'entendement et la faculté de sentir en soient détruits.

» 2°. Il y a des vices ou des maladies du cerveau qui lui font perdre la faculté de sentir, d'apercevoir, et qui nuisent à la faculté de penser. La pression d'une goutte de sang ou d'un fragment d'os anéantit souvent à l'instant même la faculté de sentir et d'apercevoir.

» 3°. Aussitôt qu'on fait disparaître le mal dont le cerveau est ainsi affecté, qu'on lève la pression, qu'on ôte l'os, le sentiment et la faculté de penser se rétablissent tout de suite, à moins que le cerveau n'en ait été essentiellement détérioré.

» 4°. Il arrive souvent qu'un doigt malade oblige d'amputer la main, et celui qui a subi l'opération se plaint des douleurs qu'il croit ressentir dans le doigt qui n'existe plus ; si donc le principe, que le *siége de la faculté de sentir est dans le cerveau*, ne peut être contesté, voici la conséquence qui en résulte :

» *Aussi long-temps que le cerveau conserve sa force vitale, le supplicié a le sentiment de son existence.*

» Des phénomènes frappans, remarqués par un grand nombre d'observateurs dignes de foi, prouvent que la *tête conserve sa force vitale long-temps après être séparée du corps.*

» Votard, célèbre médecin d'Allemagne, a vu se mouvoir les lèvres d'un homme dont la tête était abattue.

» Leveling a souvent, sur les lieux du supplice, fait l'expérience d'irriter la partie de la moelle épinière qui était restée attachée à la tête après la séparation, et il assure que les convulsions de la tête devenaient horribles.

» D'autres ont assuré avoir vu grincer les dents après que la tête était séparée du corps, et je suis convaincu que si l'air circulait encore régulièrement par les organes de la voix qui n'auraient pas été détruits, ces *têtes parleraient.*

» Ce qu'il y a de sûr, c'est que des hommes à qui le cou n'avait été coupé qu'à demi *ont crié.*

» Je ne cite point ici mes propres expériences sur des têtes d'animaux coupées et où j'ai remarqué la *force vitale* dans les muscles de la tête après le délai de plusieures minutes. Quoique elles prouvent la même chose, je ne les citerai pas, parce que dans les animaux le rapport du cerveau à la tête diffère trop du rapport qu'on observe dans l'homme entre ces mêmes parties.

» On peut cependant se convaincre que les têtes d'animaux survivent à leur séparation d'avec le reste du corps.

» Si donc, dans la tête de l'homme ainsi séparée, le cerveau est resté pendant quelque temps actif et à un si haut degré qu'il ait pu mouvoir les muscles du visage, on ne peut plus douter qu'il n'ait aussi conservé, pendant ce même intervalle, le sentiment et la faculté d'apercevoir; mais la durée de cet état ne peut pas encore être fixée exactement.

» A en juger d'après les expériences faites sur des membres amputés d'hommes vivans, et sur lesquels on a essayé le galvanisme, il est vraisemblable que la sensibilité peut durer un quart-d'heure, vu que la tête à cause de son épaisseur et de sa forme ronde ne perd pas sitôt la chaleur.

» On sait que souvent la faculté de produire du mouvement a déjà cessé, que la faculté de sentir

subsiste encore. Ceux qui s'observent eux-
mêmes, se sont trouvés quelquefois dans un
état où la force de mouvoir les muscles leur
manquait, pendant que les sensations qui leur par-
venaient par les organes restaient les mêmes. Le
froid, par exemple, gèle les doigts au point de
les rendre incapables ou au moins inhabiles à
écrire quoiqu'il leur reste du sentiment.

» Les mourans voient et entendent long-temps
après avoir perdu la faculté de mouvoir les
muscles. On a même des exemples que des personnes jugées mortes ont entendu et aperçu tout
ce qu'on faisait autour d'elles, sans qu'elles aient
eu la force de mouvoir aucune partie de leur corps.

» Une autre considération se présente à mon
esprit : c'est que la guillotine frappe à l'endroit
de notre corps qui est le plus sensible, à cause des
nerfs qui y sont répandus et réunis. Le cou renferme tous les nerfs des branches supérieures,
les branches de tous les nerfs des viscères, et
enfin la moelle épinière qui est la source même
des nerfs qui appartiennent aux membres infé-
rieurs ; par conséquent la douleur du brisement
ou de l'écrasement du cou doit être la plus violente, la plus sensible, la plus déchirante qu'il soit
possible d'éprouver. Il faut connaître ces nerfs, il

faut les avoir vus pour se faire une idée de la violence de ces douleurs, et si elles ne continuent que pendant quelques secondes, ce qui n'est pas du tout probable selon ce que nous avons dit plus haut, il restera toujours la question de savoir si la courte durée peut compenser l'intensité horrible de la souffrance.

» Vous avez été témoin des convulsions horribles des guillotinés; vous avez vu l'appareil affreux, les liens atroces, la hideuse coupe de cheveux, les nudités indécentes, le sang couvrant le cadavre mutilé, et le bourreau; vous avez vu toutes les horreurs barbares de cette boucherie. Des spectacles aussi abominables ne devraient avoir lieu que parmi les sauvages, et ce sont des peuples civilisés qui les donnent et qui y assistent! »

Écoutons maintenant le principal acteur d'un drame criminel décrire les dernières sensations d'un condamné. Quel législateur n'appuiera pas l'abolition de la mort précédée d'une telle agonie! Un journal américain donne comme authentique ce récit d'un faussaire, pendu en Angleterre et rappelé ensuite à la vie [1]. L'écrivain s'avoue coupable du crime pour lequel il subit son juge-

[1] Extrait du Globe.

ment. Il raconte les particularités de son arresta
tion, son emprisonnement à Newgate, l'arrêt
rendu contre lui aux assises d'Old-Bayley,
en 1826. Là commence l'analyse de tout ce qu'il
éprouva depuis sa sentence jusqu'à son exécution. L'extinction graduelle de toute pensée morale, les perceptions des sens devenant plus
claires et plus distinctes, à mesure que les facultés de l'ame s'affaiblissaient, l'impossibilité
presque absolue de s'élever à des idées religieuses :
voilà ce qui frappe surtout dans ce récit.

Après avoir peint sa dernière entrevue avec
Élisabeth Clare, jeune fille à laquelle il était fort
attaché, le prisonnier continue ainsi :

« Il était quatre heures de l'après-midi ; Élisabeth me quitta ; et quand elle fut partie, il
me sembla que j'avais fini tout ce que j'avais à
faire en ce monde. J'aurais pu souhaiter de mou
rir là et à l'heure même, j'avais fait la dernière
action de ma vie. Mais à mesure qu'arrivait le
crépuscule, ma prison devenait plus froide et
plus humide ; la soirée était sombre et brumeuse ;
et je n'avais ni feu ni chandelle, quoique ce fût au
mois de janvier : mes esprits s'affaiblirent par
degrés ; mon cœur s'affaissa sous la misère et

la désolation de tout ce qui m'entourait ; et peu
à peu (car ce que j'écris maintenant ne doit être
que la vérité) la pensée d'Élisabeth, de ce qu'elle
deviendrait, commença à céder devant le sentiment de ma propre situation. Ce fut la première
fois, je n'en puis dire la cause, où mon esprit
comprit pleinement l'arrêt que je devais subir
dans quelques heures ; en y réfléchissant, une
terreur horrible me gagna, comme si ma sentence venait de m'être prononcée, et comme si
jusque-là je n'eusse pas su réellement et sérieusement que je devais mourir.

» Je n'avais rien mangé depuis vingt-quatre
heures. Il y avait là de la nourriture qu'un
homme qui m'avait visité m'avait envoyée de sa
propre table ; mais je ne pouvais y goûter, et,
quand je la regardais, d'étranges idées s'emparaient
de moi ; je pensais aux animaux des champs, aux
oiseaux de l'air, qu'on engraisse pour la tuerie. Je
sentis que mes pensées n'étaient pas ce qu'elles
auraient dû être à un pareil moment : je crois
que ma tête s'égara.

» Une sorte de bourdonnement sourd, semblable à celui des abeilles, résonnait à mes oreilles
sans que je pusse m'en débarrasser ; quoiqu'il
fît nuit close, des étincelles lumineuses allaient

et venaient devant mes yeux ; et je ne pouvais me rien rappeler. J'essayai de dire mes prières, mais je ne pus me souvenir que de quelques mots çà et là, et il me semblait que ces mots étaient autant de blasphèmes que je proférais. Je ne sais pas ce qu'ils étaient ; je ne puis me rendre compte de ce que je dis alors. Mais tout-à-coup il me sembla que toute cette terreur était vaine et inutile, et que je ne resterais pas là pour y attendre la mort. Je me levai d'un seul bond ; je m'élançai aux grilles de la fenêtre du cachot, je m'y attachai avec une telle force que je les courbai ; je me sentais la puissance d'un lion. Je promenai mes mains sur chaque partie de la serrure, et j'appliquai mon épaule contre la porte garnie en fer et plus pesante que celle d'une église ; je tâtonnai le long des murs, et jusque dans les recoins de mon cachot, quoique je susse très-bien que tout était en pierres massives et de trois pieds d'épaisseur, et que lors même que j'aurais pu passer à travers une crevasse, plus petite que le trou d'une aiguille, je n'avais pas la moindre chance de salut. Au milieu de tous ces efforts, je fus saisi d'une faiblesse, comme si j'eusse avalé du poison, et je n'eus que la force de gagner, en chancelant, la place qu'occupait mon lit. J'y tombai, et je crois que je m'évanouis. Mais cela ne dura pas; car ma tête tournait, et la chambre me paraissait tourner aussi. Je rêvai, entre la veille et le sommeil, qu'il était minuit, et qu'Élisabeth était revenue, comme elle me l'avait promis, et qu'on refusait de la laisser entrer. Il me semblait qu'il tombait une neige épaisse, que les rues en étaient toutes couvertes comme d'un drap blanc; je croyais Élisabeth morte, couchée dans la neige, au milieu des ténèbres, à la porte de la prison. Quand je revins à moi, je me débattais sans pouvoir respirer. Au bout d'une ou deux minutes, j'entendis l'horloge du Saint-Sépulcre sonner dix heures, et je connus que j'avais fait un rêve.

• L'aumonier de la prison entra. Il m'exhorta solennellement à ne plus songer aux soins et aux peines du monde, à tourner mes pensées vers le monde à venir, et à tâcher de réconcilier mon ame avec le ciel, dans l'espérance que mes péchés, quoique grands, me seraient pardonnés si je me repentais. Lorsqu'il fut parti, je me trouvai pendant un moment un peu plus recueilli.

• Je m'assis de nouveau sur le lit, et je m'efforçai sérieusement de m'entretenir avec moi-même et de me préparer à mon sort. Je repassai dans mon esprit que, dans tous les cas, je n'avais plus que peu d'heures à vivre, qu'il n'y avait point d'espérance pour moi en cette vie, qu'au moins fallait-il mourir dignement et en homme. J'essayai alors de me rappeler tout ce que j'avais entendu dire sur la mort par pendaison ; que ce n'était que l'angoisse d'un moment ; qu'elle causait peu ou point de douleur ; qu'elle éteignait la vie sur-le-champ ; et de-là je passai à vingt autres étranges idées. Peu à peu ma tête commença à divaguer et à s'égarer encore une fois.

« Je portai mes mains à ma gorge, je la serrai fortement comme pour essayer de la sensation d'étrangler. Ensuite je tâtai mes bras aux endroits où la corde devait être attachée ; je la sentais passer et repasser jusqu'à ce qu'elle fût nouée solidement ; je me sentais lier les mains ensemble ; mais la chose qui me faisait le plus d'horreur, était l'idée de sentir le bonnet blanc abaissé sur mes yeux et sur mon visage. Si j'avais pu éviter cela, le reste n'eût pas été si horrible !

« Au milieu de ces imaginations, un engourdissement général gagna, petit à petit, mes membres. L'étourdissement que j'avais éprouvé fut suivi d'une pesante stupeur qui diminuait la souffrance causée par mes idées, quoique je continuasse encore à penser. L'horloge de l'église sonna minuit. J'avais le sentiment du son, mais il m'arrivait indistinctement, comme à travers plusieurs portes fermées, ou d'une grande distance. Peu à peu je vis les objets qui erraient dans ma mémoire, de moins en moins distincts ; puis partiellement ; puis ils disparurent tout-à-fait. Je m'endormis.

» Je dormis jusqu'à l'heure qui devait précéder l'exécution. Il était sept heures du matin lorsqu'un coup frappé à la porte de mon cachot m'éveilla. J'entendis le bruit comme dans un rêve, quelques secondes avant d'être complètement réveillé ; et ma première sensation ne fut que l'humeur d'un homme fatigué qu'on réveille en sursaut. J'étais las, et je voulais dormir encore. Une minute après, les verroux à l'extérieur de mon cachot furent tirés : un geôlier entra, portant une petite lampe, et suivi du gardien de la prison et de l'aumonier. Je levai la tête ; un frisson semblable à un choc électrique, à un plongeon dans un bain de glace, me parcourut tout le corps. Un coup-d'œil avait suffi.

» Le sommeil s'était dissipé comme si je n'eusse jamais dormi, comme si jamais plus je ne devais dormir. J'avais le sentiment de ma situation. R***, me dit le gardien d'une voix basse, mais ferme, il est temps de vous lever. L'aumonier me demanda comment j'avais passé la nuit, et proposa que je me joignisse à lui pour prier. Je me ramassai sur moi-même, et je restai assis sur le bord du lit. Mes dents claquaient et mes genoux s'entrechoquaient en dépit de moi. Il ne faisait pas encore grand jour; et comme la porte du cachot restait ouverte, je pouvais voir au-delà la petite cour pavée; l'air était épais et sombre, et il tombait une pluie lente, mais continue.

« Il est sept heures et demie passées, R***, » dit le gardien de la prison. Je rassemblai mes forces pour demander qu'on me laissât seul jusqu'au dernier moment. J'avais trente minutes à vivre.

» J'essayai de faire une autre observation quand le gardien fut prêt à quitter le cachot; mais cette fois je ne pus faire sortir les mots, ma langue s'attacha à mon palais : j'avais perdu la faculté de parler; je fis deux violens efforts, ils n'aboutirent à rien. Je ne pouvais pas prononcer. Lorsqu'ils furent partis, je restai à la même place sur le lit. J'étais engourdi par le froid, probablement par le sommeil et par le grand air inaccoutumé qui avait pénétré dans ma prison; et je demeurai roulé, pour ainsi dire, sur moi-même, afin de me tenir plus chaud, les bras croisés sur ma poitrine, la tête pendante, et tremblant de tous mes membres. Mon corps me semblait un poids insupportable que j'étais hors d'état de soulever ou de remuer.

« Le jour éclairait de plus en plus, quoique jaunâtre et terne ; et la lumière se glissait par degrés dans mon cachot, me montrant les murs humides et le pavé noir : et (tout étrange que cela est !) je ne pouvais m'empêcher de remarquer ces choses puériles, quoique la mort m'attendît l'instant d'après.

« Je remarquai la lampe que le guichetier avait posée à terre, et qui brûlait obscurément avec une longue mèche, pressée et comme étouffée par l'air froid et malsain ; et je pensai (à ce moment-là même) qu'elle n'avait pas été ravivée depuis la veille au soir. Je regardai le châssis de lit en fer, nu et glacé, sur lequel j'étais assis ; et les énormes têtes de clous qui garnissaient la porte du cachot ; et les mots écrits sur les murs par d'autres prisonniers. Je tâtai mon pouls : il était si faible, qu'à peine pouvais-je compter les pulsations. Il m'était impossible de m'amener à sentir, en dépit de tous mes efforts, que j'allais mourir. Pendant cette anxiété, j'entendis la cloche de la chapelle commencer à sonne. l'heure ; et je pensai : Seigneur, ayez pitié de moi, malheureux ! Ce ne pouvait être encore les trois quarts après sept heures !... L'horloge sonna les trois quarts ; elle tinta le quatrième quart, puis huit heures.

• Ce qui me reste à dire occupera peu d'espace : mes souvenirs sont très-précis jusque-là, mais pas à beaucoup près aussi distincts sur ce qui suivit.

• Je me rappelle cependant très-bien comment je sortis de mon cachot pour passer dans la grande salle. Deux hommes, petits et ridés, vêtus de noir, me soutenaient. Je sais que j'essayai de me lever quand je vis entrer le gardien de la prison avec ces hommes, mais je ne pus pas.

• Dans la grande salle étaient déjà les deux malheureux qui devaient subir leur supplice avec moi. Ils avaient les bras et les mains liés derrière le dos, et ils étaient couchés sur un banc, en attendant que je fusse prêt. Un vieillard maigre, à cheveux blancs, lisait haut à l'un d'eux ; il vint à moi et me dit quelque chose.... Que nous devrions nous embrasser, à ce que je crois ; je ne l'entendis pas distinctement.

• La chose la plus difficile pour moi était de me retenir de tomber. J'avais cru que ces momens seraient pleins de rage et d'horreur, et je n'éprouvais rien de semblable ; mais seulement une faiblesse, comme si le cœur me manquait, et comme si la planche même sur laquelle j'étais se dérobait sous moi. Je ne pus que faire signe au vieillard à cheveux blancs, de me laisser : quelqu'un intervint et le renvoya. On acheva de m'attacher les bras et les mains. J'entendis un officier dire à demi-voix à l'aumonier, que tout était prêt ! Comme nous sortions, un des hommes en noir porta un verre d'eau à mes lèvres, mais je ne pus l'avaler.

« Nous commençâmes à nous mettre en marche à travers les longs passages voûtés qui conduisaient de la grande salle à l'échafaud. Je vis les lampes qui brûlaient encore, car la lumière du jour n'y pénétra jamais ; j'entendis les coups pressés de la cloche, et la voix grave de l'aumonier, lisant comme il marchait devant nous : — Je suis la résurrection et la vie, a dit le Seigneur ; celui qui croit en moi, quand même il serait mort, vivra, et, quoique les vers rongent mon corps dans ma chair, je verrai Dieu.

« C'était le service funèbre, les prières pour ceux qui sont couchés dans le cercueil, immobiles, morts, récitées sur nous, qui étions debout et vivans. Je sentis encore une fois, je vis ; et ce fut le dernier mouvement de complète perception que j'eus. Je sentis la transition brusque de ces passages souterrains, chauds, étouffés, éclairés par des lampes, à la plate-forme découverte et aux marches qui montaient à l'échafaud ; et je vis l'immense foule qui noircissait toute l'étendue de la rue au-dessous de moi ; les fenêtres des maisons et des boutiques vis-à-vis, garnies de spectateurs jusqu'au quatrième étage. Je vis l'église du Saint-Sépulcre dans l'éloignement, à travers un brouillard jaune, et j'entendis le son de sa cloche. Je me rappelle le ciel nuageux, la matinée brumeuse, l'humidité qui couvrait l'échafaud, l'immense masse noire des édifices, la prison même qui s'élevait à côté, et semblait projeter son ombre sur nous ; la brise fraîche et froide, qui, lorsque j'en sortis, vint frapper mon visage. Je vois tout encore aujourd'hui ; l'horrible perspective est tout entière devant moi ; l'échafaud, la pluie, les figures de la multitude, le peuple grimpant sur les toits, la fumée qui se rabattait pesamment le long des cheminées, les charrettes remplies de femmes regardant de la cour de l'auberge en face, le murmure bas et rauque qui circula dans la foule assemblée lorsque nous parûmes. Jamais je ne vis tant d'objets à la fois, si clairement et si distinctement, qu'à ce coup-d'œil ; mais il fut court.

» A dater de ce moment, tout ce qui suivit fut nul pour moi. Les prières de l'aumonier, l'attache du nœud fatal, le bonnet dont l'idée m'inspirait tant d'horreur, enfin mon exécution et ma mort, ne m'ont laissé aucun souvenir ; et si je n'étais certain que toutes ces choses ont eu lieu, je n'en aurais pas le moindre sentiment. J'ai lu depuis dans les gazettes les détails de ma conduite sur l'échafaud. Il était dit que je m'étais comporté dignement, avec fermeté ; que j'avais paru mourir sans beaucoup d'angoisses ; que je ne m'étais pas débattu. Quelque effort que j'aie fait pour me rappeler une seule de ces circonstances, je n'ai pu y parvenir. Tous mes souvenirs cessent à la vue de la rue et de l'échafaud. Ce qui, pour moi, semble suivre immédiatement, est mon réveil d'un sommeil profond. Je me trouvai dans une chambre, sur un lit, près d'un homme qui, lorsque j'ouvris les yeux, me regardait attentivement. J'avais repris toutes mes facultés, quoique je ne pusse parler de suite. Je pensai que j'avais obtenu ma grâce, qu'on m'avait enlevé de dessus l'échafaud, et que je m'étais évanoui. Lorsque je sus la vérité, je crus démêler un souvenir confus,

comme d'un rêve, de m'être trouvé en un lieu
étrange, étendu nu, avec une quantité de figures
flottantes autour de moi ; mais cette idée ne se
présenta bien certainement à mon esprit qu'après
qu'on m'eut appris ce qui s'était passé.

*L'hôpital si vaste devenait insuffisant.*

Placés en quelque sorte en dehors de l'humanité, les forçats n'y rentrent que quand ils sont
malades ; c'est alors seulement qu'on les traite
comme si l'existence était un bienfait pour eux ;
alors ils sont placés sous la surveillance des médecins qui les regardent comme des hommes.

Lorsque les forçats sont atteints de maladies
légères, ils restent couchés sur leur banc où ils
sont visités plusieurs fois le jour par le médecin
du bagne. Ce médecin est ordinairement choisi
parmi les officiers de santé de la marine, aidé d'un
ou de plusieurs élèves qui restent continuellement de garde afin d'être à portée de donner les
premiers soins quand il arrive un accident. Le
médecin est obligé de demeurer dans la cour intérieure du bagne où il occupe un pavillon placé
en face de la porte d'entrée. Si la maladie est sé-
rieuse, les forçats sont envoyés à l'hôpital général de la marine où se trouvent des salles qui
leur sont exclusivement réservées.

Les forçats blessés occupent une salle au rez-de-chaussée dans l'aile gauche de l'hôpital; elle contient environ cinquante lits qui sont loin d'être toujours remplis. En effet, les accidens ne sont pas aussi communs qu'on le croirait au premier aperçu, et plusieurs années s'écoulent avant qu'on ait l'occasion de pratiquer une opération importante.

Les affections scrofuleuses sont les maladies les plus communes parmi celles qu'on a coutume de réserver au domaine chirurgical; pour ceux qui connaissent l'étiologie des scrofules, rien n'est plus naturel. On a vu, dans cette salle, des forçats rester des années entières avec des caries infectes; en vain leur prodiguait-on les soins les plus appropriés, on n'obtenait aucun résultat. Un médecin me dit qu'il soupçonnait ces malheureux d'entretenir les ulcères fétides et dégoûtans. Leur position à l'hôpital est encore préférable à la vie des bagnes; bien couchés, bien vêtus, bien nourris, ne faisant aucun travail, la liberté seule leur manque! En 1816, un forçat voulut profiter des facilités qu'il avait pour s'empoisonner. Il était fatigué de douleurs nocturnes qui lui ôtaient le sommeil, le chirurgien en chef ordonna des pilules d'un grain d'opium; l'élève en pharmacie chargé de la distribution ne faisait pas avaler en sa présence ce médicament ; quatorze jours, le forçat ne prit pas ses pilules, et quand il crut avoir réuni une quantité suffisante pour opérer son dessein, il l'avala tout entière. Ses espérances furent déçues. Des accidens terribles se développèrent ; des secours appropriés le tirèrent de cet état ; le forçat ne gagna à cette tentative qu'une maladie qui augmenta ses douleurs, et cinquante coups de bâton.

Ce qui a été dit sur la nourriture des forçats et sur leurs travaux, la description que nous avons donnée du bagne, nos réflexions au sujet des maladies produites par les émanations marécageuses qui ravagent Rochefort presque chaque année, toutes ces causes réunies sont plus que suffisantes pour expliquer les nombreux malades que le bagne envoie à l'hôpital général où trois salles leur sont exclusivement réservées. La maladie endémique qui règne à Rochefort sévit avec force sur cette classe d'individus nécessairement soumis aux influences meurtrières de la canicule ; souvent ils continuent leur travail malgré la fièvre qui les dévore ; l'inflexible bâton leur donne des forces, et ce n'est que lorsque la maladie est avancée qu'on les

envoie à l'hôpital; à peine sont-ils convales-
cens qu'on les renvoie au bagne où ils reprennent
leurs travaux. Ces causes sans cesse renaissantes
agissant sur des organes encore irrités causent
de nombreuses rechutes qui se terminent le plus
ordinairement par la mort.

Le genre de fièvre *remittente tierce*, forme que
revêt l'épidémie, est donc la maladie qu'on observe le plus souvent. Je ne parle pas des affections chroniques de quelque nature qu'elles soient;
si on en a vu quelques-unes céder au régime sévère
du bagne, la plupart augmentent et fournissent
de nombreux sujets aux salles de dissection,
car c'est là qu'arrivent les cadavres de tous les
forçats; on en fait toujours l'ouverture. Cette
coutume, due aux progrès de l'anatomie patholo-
gique, ne peut amener que de bons résultats;
aussi est-elle suivie avec ardeur par les jeunes
médecins chargés du service des salles. Ces médecins sont des officiers de santé de première
classe; c'est là que les jeunes gens jaloux de s'instruire peuvent étudier à traiter la médecine, car,
par convention tacite, on essaie sur les forçats
des médicamens nouveaux qu'on n'administrerait
qu'avec crainte aux marins. C'est là que des
mains novices tentent les nouveaux moyens dont

l'usage ne se répand que lorsque l'expérience *in animâ vili* a démontré ce que la théorie enseigne.

Le cuisinier en chef de la pharmacie est un forçat; il est chargé, comme son titre l'indique, de la préparation d'une foule de tisanes et boissons, dont l'usage est continuel. Ce service a été longtemps confié à un forçat nommé *Jacques*. Il avait acquis une certaine prépondérance dans les officines, et on ne se rappelle pas sans sourire ce professeur de pharmacie qui ne pouvait faire son cours sans avoir *Jacques* à ses côtés pour l'aider dans ses opérations.

Les servans de l'amphithéâtre sont également des forçats ; ce sont eux qui sont chargés du soin de nettoyer les cadavres ; ils reçoivent pour cette peine une légère gratification. Ils montrent aux visiteurs les cabinets d'anatomie, et sont obligés de rendre compte aux autres gardiens des gratifications que la curiosité et la pitié leur accordent.

PAGE **224.**

*Revêtir le tablier de pharmacien ou la var-*
*reuse du forçat.*

M. Cr........ m'avait refusé l'autorisation de
visiter seul le bagne. Il me l'eût montré comme
il l'a fait il y a peu de temps à un noble pair,
qui, disent les journaux, est sorti *très-satisfait*
*de tous les détails.* Je refusai à mon tour l'offre
que me fit M. le commissaire de m'accompagner.
Je fus contraint de recourir à la ruse et aux petits
protecteurs qui sont souvent plus utiles et servent
plus efficacement que les puissans. Que de fois,
brusqué par un garde-chiourme, obligé de battre
en retraite d'un côté, je me plaçai sous les planches protectrices du moulin à scie, ou sous les
hangars des bassins de réparation! Je causai,
dans une de mes visites, près de deux heures
dans un coin de la corderie, en plaçant sur moi
la varreuse, surtout en toile d'un condamné.

# BAGNE MODÈLE

## A ROCHEFORT.

# BAGNE MODÈLE
## A ROCHEFORT.

L'ordonnance du 20 août [1] sur la réforme des bagnes a fait naître de nombreuses réclamations. Pendant que les journaux retentissaient des objections avec lesquelles on accueillait l'œuvre de haute philantropie de M. le Ministre de la Marine, un savant fonctionnaire, dont j'ai eu dans le cours de mon ouvrage occasion de citer les honorables travaux, M. Pruss, s'occupait de cette question d'ordre social et d'humanité. Constant spectateur, par ses fonctions, du tableau

[1] Art. 1. Les criminels condamnés aux travaux forcés seront répartis désormais entre les ports militaires du royaume, en raison de la durée de la peine qu'ils auront à subir et conformément à ce qui suit :

Art. 2. Les forçats condamnés à dix ans et au-dessous seront envoyés à Toulon.

Art. 3. Les forçats condamnés à plus de dix ans seront dirigés sur Brest et Rochefort, et répartis de telle manière que les condamnés à

d'un bagne, sans cesse en contact direct avec tous
les vices de son organisation, M. le Directeur des
travaux hydrauliques de Rochefort est un juge
dont on ne peut récuser la compétence en cette
grave matière ; il l'a approfondie et développée en
administrateur, en moraliste et en philantrope,
dans un Mémoire que je me trouve heureux de
pouvoir publier. M. Pruss me pardonnera d'avoir
substitué au modeste titre : *Notes sur les Forçats*,
que portait son travail, celui-ci : *Bagne modèle
de Rochefort*, qui peint mieux le genre de ses
importantes observations.

vie ou à plus de vingt ans soient entièrement séparés de ceux dont la
peine ne devra pas durer au-delà de vingt années.

La répartition des condamnés entre les deux bagnes sera faite par
notre Ministre de la Marine en raison des besoins du service.

Art. 4. Le bagne de Lorient continuera d'être exclusivement destiné aux militaires condamnés pour insubordination.

Art. 5. La séparation des forçats actuellement détenus dans les
bagnes de Brest, Rochefort et Toulon, conformément aux dispositions
des articles 2 et 3 de la présente ordonnance, s'exécutera dans le plus
bref délai possible. Le transport de ceux qui devront passer d'un
bagne dans un autre sera effectué par des bâtimens de la marine
royale.

Art. 6. Les criminels condamnés aux travaux forcés qui se trouvent
dans les prisons du royaume, et ceux qui seront à l'avenir condamnés
à la même peine, soit par nos Cours d'assises, soit par nos Tribunaux
militaires et maritimes, seront dirigés sur les bagnes où ils doivent
être détenus, à raison de la durée des peines prononcées contre eux.

## DIVISION DES FORÇATS PAR CATÉGORIES.

Appelé à faire partie de la commission qui a été chargée d'émettre son opinion sur l'utilité de la division des forçats par catégories, j'ai été d'avis, comme tous les autres membres, que le système proposé par M. Quantin était préférable au régime actuel, mais seulement dans le cas où les catégories seraient isolées dans des ports différens. J'ai pensé aussi que les avantages offerts par ce système, ainsi modifié, seraient compensés par d'assez graves inconvéniens : en effet, la réunion de tous les forçats à vie dans le même bagne ne serait peut-être pas sans danger, et rendrait au moins la garde et la surveillance plus difficiles et plus dispendieuses ; on aurait d'ailleurs à craindre qu'il ne fût pas possible d'occuper utilement tous ces condamnés sur un même point ; et, d'un autre côté, on serait forcé d'affecter à la fatigue, dans les autres ports, des hommes qu'il serait convenable d'employer d'une manière plus avantageuse pour eux-mêmes et plus productive pour l'État ; enfin la répartition des forçats dans les bagnes des diverses catégories serait une mesure dont l'exécution présenterait de nombreuses difficultés.

## NÉCESSITÉ DE DONNER AUX CHIOURMES UNE ORGANISATION RÉGULIÈRE.

Reconnaissant l'impossibilité de remédier en détail à ces inconvéniens, j'ai cru devoir envisager la question d'une manière plus générale, et j'ai recherché s'il ne serait pas possible de créer un système qui, en maintenant la répartition actuelle des condamnés, offrît en même temps des moyens propres à améliorer leur moral, à assurer la sûreté des bagnes, et à produire les meilleurs résultats possibles sous le rapport des travaux.

La question du perfectionnement du régime des chiourmes a acquis un nouveau degré d'importance depuis que les rapports de M. le marquis de Barbé-Marbois, en faisant ressortir l'exagération des plaintes portées contre les forçats libérés, ont prouvé qu'il pouvait être utile de conserver les bagnes, et ont, en outre, démontré l'impossibilité de substituer la peine de la déportation à celle des travaux forcés.

J'ai cru reconnaître que le vice principal du régime actuel était le défaut d'organisation régulière. En agissant sur des masses non organisées, on rencontre constamment une force d'inertie considérable; les hommes n'y sont point individualisés; ils ne sont les uns par rapport aux autres que des élémens sans lien et sans solidarité. Il en résulte que l'action des agens de surveillance ne pénètre pas dans l'intérieur des masses, et se trouve presque toujours arrêtée à la surface; de-là résulte aussi, dans l'emploi des condamnés, un manque d'ordre, de régularité et de continuité, qui est extrêmement préjudiciable à la prompte exécution des travaux.

Il me paraît donc utile de donner aux chiourmes une organisation régulière, et je regarde comme indispensable de confier aux mêmes agens la garde des forçats et la surveillance des travaux. C'est d'après ces principes que j'ai rédigé le projet d'organisation détaillé ci-après.

## PROJET D'ORGANISATION.

J'ai pris pour base la disposition prochaine du bagne de Rochefort qui, lorsqu'il aura été complété, sera composé de quatre salles égales et pourra servir au logement d'environ deux mille forçats; chaque salle contiendra quatre bancs, et chaque banc recevra de cent vingt à cent trente condamnés. Il serait facile d'appliquer, dans les autres ports, l'organisation projetée, en lui faisant subir quelques modifications que les différences de localités rendraient nécessaires.

Toute la chiourme sera divisée en deux catégories : l'une formée des condamnés à temps, l'autre des condamnés à perpétuité.

La première occupera trois salles, la quatrième salle ne sera occupée que par les hommes de la seconde catégorie.

Tous les condamnés à temps seront affectés à des travaux d'art et d'intelligence; tous les condamnés à perpétuité seront réservés pour les travaux de force.

Les hommes de la première catégorie seront classés par corps d'état; ceux qui sont sans profession, ou qui ont exercé des professions non utilisées dans les ports, seront classés comme apprentis dans la proportion des besoins des divers chantiers.

On divisera les condamnés par escouade de dix hommes, parmi lesquels on choisira un chef et un sous-chef; deux escouades réunies formeront une brigade, qui sera mise sous les ordres d'un caporal ou sergent de chiourmes ; enfin six brigades formeront une compagnie, à la tête de laquelle on placera un sous-adjudant, et qui occupera un banc. Le commandement des quatre compagnies de chaque salle sera confié à un adjudant.

Les adjudans, les sous-adjudans et les sergens seront chargés de surveiller les forçats, dont ils auront le commandement, dans les salles du bagne et sur les chantiers, sous le triple rapport de la moralité, de la sûreté et du bon emploi du temps.

Des sergens, placés à la suite des compagnies, seront destinés à remplir les vacances qui pourront survenir, et, en outre, à surveiller les condamnes malades dans les salles de l'hôpital.

Les chefs et sous-chefs d'escouades seront tenus d'assurer le maintien de l'ordre parmi leurs subordonnés, de diriger leurs travaux en les partageant, de s'opposer aux évasions, et enfin de seconder les sous-officiers des chiourmes dans l'exécution de toutes les mesures qui seront prescrites.

On attachera ces hommes aux nouveaux devoirs qui leur seront imposés en les faisant jouir de divers avantages propres à rendre leur sort

plus supportable, et surtout à les élever au-
dessus des autres condamnés.

Les forçats de chaque escouade seront classés
entre eux par rang d'âge : les chefs et sous-chefs
seront répartis sur les bancs de manière à diviser
les compagnies en demi-escouades.

Pour la facilité des travaux, les hommes de la
première catégorie seront mis en chaussette, et
porteront seulement une petite manille d'acier;
l'accouplement ne sera employé pour eux que
comme moyen de correction.

Tout forçat, qui se sera évadé, ne pourra plus
être mis en chaussette; il en sera de même pour
tout chef ou sous-chef d'escouade qui sera
convaincu d'avoir eu connaissance d'un projet
d'évasion et de ne pas s'être opposé à son exécution, soit directement, soit en en donnant avis
au sergent de la brigade.

La seconde catégorie recevra la même organisation que la première; mais pour multiplier les
moyens de surveillance, on attachera en outre
un caporal à chaque escouade.

La nécessité de maintenir dans les salles le plus
grand ordre possible exige que tous les individus
qui y sont renfermés, soient soumis au même
régime, et en conséquence il paraît indispensable

d'isoler dans un local particulier les hommes condamnés à la double chaîne, et ceux qui seront retenus au bagne par mesure de correction. C'est pour ces grands criminels, dont l'influence pernicieuse agit puissamment sur la masse des condamnés, et non pour les forçats à court terme, comme le propose M. Quantin, qu'il me semble convenable de faire usage du système cellulaire.

Un petit bâtiment, contenant une cinquantaine de cellules, sera construit à l'extrémité de la grande cour du bagne; chaque cellule aura deux mètres cinquante centimètres de longueur sur un mètre vingt-cinq centimètres de largeur, avec un jour placé à deux mètres au-dessus du sol.

L'approche de ce bâtiment sera défendue par un entourage en chaînes.

Les compagnies de gardes-chiourmes seront supprimées, et les forçats seront gardés par des factionnaires dont le placement sera indiqué chaque jour par l'administrateur de la chiourme. Il est facile de juger qu'il suffira d'affecter journellement à ce service un détachement peu considérable, et qu'il y aura même lieu de le réduire successivement, à mesure que les bons effets du nouveau système commenceront à se faire sentir.

L'organisation proposée, analogue à celle qui

a été adoptée pour les prisonniers de guerre, sera une mesure avantageuse sous le rapport de la moralité des forçats : elle permettra d'établir une échelle de récompenses et de peines, et de donner ainsi à ces hommes un intérêt puissant à se bien conduire ; l'action continue des mêmes chefs sur les mêmes subordonnés aura pour effet d'imprimer à la vie de ces derniers une plus grande régularité, et la division des compagnies en demi-escouades s'opposera d'une manière efficace au développement de la corruption ; les forçats à temps seront séparés de ceux à perpétuité, et ces derniers même, jouissant d'une existence plus tranquille, seront disposés à subir leur peine avec plus de résignation.

Cette mesure sera également avantageuse sous le rapport de la sûreté des bagnes. La surveillance descendra facilement jusqu'aux dernières ramifications, et sera plus exacte parce qu'elle sera plus circonscrite ; les individus, placés à la tête des escouades, ne seront plus livrés sans défense à l'influence corruptrice des grands scélérats ; ils ne seront plus auprès d'eux comme des compagnons, mais comme des chefs, jouissant d'une autorité réelle et ayant intérêt à la faire respecter pour pouvoir conserver les avantages qui y auront été attachés ; ce ne sera plus de l'espionnage qu'on leur demandera, mais l'exercice d'une surveillance qui sera pour eux sans danger, et qui n'aura rien d'avilissant.

Enfin cette mesure sera avantageuse sous le rapport de l'emploi des forçats : l'organisation des compagnies se prêtera à toutes les répartitions, suivant les besoins journaliers des ateliers ; les chefs d'escouades, pris en général parmi les meilleurs ouvriers, car ce sont ordinairement ceux qui ont la conduite la plus régulière, seront aptes à remplir dans les chantiers l'emploi d'aides-contre-maîtres, et les sergens des chiourmes, s'ils sont convenablement choisis, seconderont très-utilement les maîtres dans la surveillance des travaux, surtout s'ils sont intéressés par une haute paie proportionnelle à l'avancement et à la bonne confection des ouvrages.

Le contact entre les individus des deux catégories sera à peu près nul dans le bagne et sur les chantiers ; on pourra également le rendre presque nul à l'hôpital. Peut-être, au reste, serait-il plus convenable de traiter sans déplacement les forçats malades de la seconde catégorie? Le nombre des condamnés à perpétuité n'étant habituellement que d'environ quatre cents, un cinquième de leur salle pourrait être séparé par un mur de refend, pour former une infirmerie.

Les adjudans et les sous-adjudans ne partagent pas la défaveur déversée sur les compagnies de gardes-chiourmes; on peut donc espérer que les sergens, placés immédiatement sous les ordres de ces sous-officiers, jouiront également d'une bonne réputation, et qu'ainsi il sera facile de les recruter parmi les ouvriers civils et militaires; il sera juste d'ailleurs de leur accorder les avantages attribués aux sous-officiers qui se trouvent attachés aux compagnies de discipline.

On peut ajouter une considération à celles que la commission a fait valoir pour prouver qu'il est inutile de séparer les nouveaux forçats des anciens; c'est que la division par catégories existe déjà en partie dans les bagnes, et que tous les condamnés n'y sont pas, comme le croit M. Quantin, confondus indistinctement. Au bagne de Rochefort, la salle Saint-Antoine renferme tous les forçats à perpétuité et les forçats à temps réputés les plus dangereux : la salle Saint-Gilles, les condamnés à long terme, et l'ancienne caserne Martrou, les condamnés à court terme. On a renoncé depuis long-temps, du moins à Rochefort, à l'usage d'accoupler un grand criminel avec un forçat à court terme, et l'administration a reconnu que, s'il était de son devoir de prévoir les évasions, c'était pour elle un devoir encore plus sacré de s'abstenir de toute mesure qui aurait pour résultat d'augmenter la démoralisation des condamnés.

## APPLICATION DES FORÇATS AUX TRAVAUX.

Après avoir adopté des dispositions générales, propres à améliorer le moral des forçats et à assurer la sûreté des bagnes, le département de la marine doit chercher particulièrement à obtenir la compensation de la dépense des chiourmes par des travaux utiles, ou au moins à approcher le plus possible de ce résultat. Pour y parvenir, il faut que l'on s'accoutume, dans les ports, à regarder les forçats comme des ouvriers ; que tous sans exception soient tenus d'exécuter journellement une tâche ; que les mêmes hommes soient constamment affectés aux chantiers, qu'ils s'y rendent à la cloche et ne les quittent pas plus tôt que les ouvriers libres ; que les agens, préposés à la conduite des ateliers, aient sur les condamnés une action immédiate et continue, et que, hors

le cas d'une absolue nécessité, aucune mesure
de surveillance ne puisse gêner ou entraver l'exécution des travaux.

## SERVICE INTÉRIEUR DU BAGNE.

Les corvées du service intérieur doivent être
faites indistinctement dans chaque salle, à tour
de rôle, par toutes les escouades, avant ou après
les heures de travail, et il ne paraît pas nécessaire
d'affecter spécialement des hommes à ce service,
comme on l'a fait jusqu'à ce jour.

## SUPPRESSION DES TRAVAUX A LA JOURNÉE.

Il est essentiel de renoncer entièrement au
mode de travaux à la journée, et de mettre tous
les ouvrages de forçats à la tâche. On sait combien sont illusoires les comptes des bénéfices
produits par l'emploi des forçats à la journée et
combien ce mode est favorable aux abus de toute
espèce.

## SALAIRES DIFFÉRENS POUR LES CONDAMNÉS DES
## DEUX CATÉGORIES.

Il est essentiel aussi, dans l'intérêt bien en-

tendu des travaux, que tous les condamnés reçoivent un salaire ; mais il convient d'établir des
tarifs différens pour les deux catégories, et
d'exercer, sur les sommes dues aux hommes de
la première, des retenues destinées à leur être
remboursées au moment de leur libération.

## PAIEMENT JOURNALIER DES FORÇATS.

On a eu souvent, au port de Rochefort, l'occasion de remarquer que l'on faisait produire aux
forçats, avec le même salaire, une masse de
travaux plus considérable, lorsqu'on les payait
régulièrement tous les soirs. La division de la
chiourme par compagnies permettrait d'adopter
pour tous les travaux cette marche, qui n'a pu
être suivie jusqu'à présent que pour quelques
grands ouvrages, et de solder journellement aux
adjudans des à-comptes réglés sur l'effectif des
escouades qui rapporteraient la preuve qu'elles
auraient exécuté les tâches imposées. Il ne serait
fait d'ailleurs des métrés d'ouvrages qu'à la fin
de chaque mois, pour arrêter le décompte de
chaque escouade et de chaque condamné.

## ATELIERS ISOLÉS POUR LES FORÇATS.

Le contact habituel des forçats avec les ouvriers libres exerce une funeste influence sur la moralité de ces derniers ; il est donc nécessaire que les ouvriers forçats soient placés dans des ateliers isolés, et ne puissent se trouver en rapport qu'avec les maîtres et contre-maîtres.

## COMMISSION DE SURVEILLANCE DE LA CHIOURME.

Le besoin qu'a le département de la marine de tirer du travail des forçats le plus grand parti possible, et la nécessité de coordonner les dispositions relatives à leur emploi avec celles que réclame la sûreté des bagnes, me paraissent exiger, dans chaque port, la formation d'une commission permanente qui serait chargée de proposer toutes les mesures qui lui paraîtraient propres à perfectionner le régime des chiourmes. Cette commission, dont les attributions auraient quelque analogie avec celles des comités des prisons, serait composée d'officiers des services qui emploient le plus grand nombre de forçats, de l'administrateur du bagne, du commissaire-rapporteur près les tribunaux maritimes, et de l'un des membres du conseil de santé.

Le passage du système actuel au système proposé donnera naissance à diverses difficultés, dont il importe d'apprécier l'importance, et que je vais examiner sommairement.

## LES FORÇATS COMMANDÉS PAR D'AUTRES FORÇATS.

Quelques personnes pourront regarder comme illusoire la mesure indiquée de faire garder et commander des forçats par d'autres forçats ; on a cependant, dans les colonies, l'exemple d'esclaves commandant d'autres esclaves, et sachant très-bien s'en faire obéir ; on a aussi, dans plusieurs chantiers du port, l'exemple de forçats, chefs d'ouvrages, qui ne sont distingués de leurs camarades que par une paie un peu plus forte, et qui les dirigent néanmoins dans leurs travaux.

On craindra sans doute aussi de rendre la garde des condamnés plus difficile et même de compromettre la sûreté des bagnes, en ne faisant porter qu'une simple manille à la presque totalité des hommes de la première catégorie. Cette ap-

préhension paraîtra peu fondée si l'on remarque
que les hommes réputés dangereux continueront
à être accouplés, que les autres, jouissant d'une
meilleure existence, auront moins le désir de
s'évader, et qu'ils seront surtout rete...us par la
crainte d'être mis en couple jusqu'à la fin de
leur temps, s'ils venaient à être repris.

## RÉDUCTION DU NOMBRE DES FORÇATS EMPLOYÉS AUX TRAVAUX DE FORCE.

On pourra objecter qu'on emploie actuellement
pour les travaux de force un nombre de forçats
supérieur à celui de la deuxième catégorie; mais
il y aura lieu d'examiner si le nombre actuel doit
être maintenu, et si, en le réduisant au strict nécessaire, conformément à l'opinion émise par le
Conseil d'administration du port, dans sa séance
du 17 janvier 1825, il ne se trouverait pas consi-
dérablement diminué. Cette réduction aurait
pour résultat de faire employer dans les arsenaux
plus de machines et plus d'attelages; ce qui pro-
duirait une véritable économie sur le budget total
de la marine.

### FRAIS DE L'APPRENTISSAGE DES FORÇATS.

Enfin on pourra redouter les frais de l'apprentissage auquel il serait nécessaire de soumettre les deux tiers environ des hommes de la première catégorie. Cette opération serait sans doute très-longue et très-dispendieuse, si l'on se bornait au mode machinal et purement d'imitation, usité dans la plupart des ateliers ; mais les pertes de temps seront bien moindres si l'on fait suivre aux forçats un apprentissage raisonné, et si les maîtres sont tenus de leur enseigner la pratique de leur art le plus méthodiquement qu'il sera possible.

### MOYEN DE RENDRE L'EMPLOI DES FORÇATS MOINS PRÉJUDICIABLE À LA POPULATION OUVRIÈRE DES PORTS.

Des inconvéniens plus graves pourraient résulter de la création d'un très-grand nombre d'ouvriers forçats : il serait à craindre que leur emploi ne devînt nuisible à la population ouvrière des ports, et n'occasionât une trop grande consommation de matières. On parviendrait à rendre ces inconvéniens moins sensibles, en réservant certaines professions à la population des ports, en affectant le plus grand nombre possible de forçats ouvriers au service des travaux hydrauliques, en leur faisant extraire ou produire quelques-uns des matériaux qu'ils devraient mettre en œuvre, et enfin en rétablissant le bagne de Cherbourg. Si ces mesures étaient insuffisantes, on ne devrait pas rendre à la fatigue une partie des forçats à temps, puisqu'il est nécessaire de leur procurer les moyens de gagner leur subsistance à l'époque de leur rentrée dans la société; mais il serait plus convenable que le département de la marine s'entendît avec celui de l'intérieur pour lui remettre les condamnés qu'il ne pourrait pas utilement employer.

## INSTRUCTION ÉLÉMENTAIRE.

Quel que soit le système adopté pour l'organisation des chiourmes, l'instruction élémentaire en sera le complément indispensable. On devra établir une école dans chaque salle, et tous les forçats, même ceux qui sont condamnés à perpétuité, devront être appelés à profiter de l'enseignement.

## BANCS, OU TOLARTS, EN FONTE DE FER.

Les bancs, ou tolarts, sur lesquels couchent actuellement les forçats, sont semblables aux lits de camp que l'on trouve dans tous les corps-de-garde; les planches ne sont pas clouées et on peut les enlever, aussi souvent qu'on le veut, pour aérer le sol. Le mauvais état de ces bancs rendant leur remplacement indispensable, on a pensé qu'il convenait de leur substituer un système de charpente en fonte de fer, et le ministre de la marine a approuvé le projet qui lui a été présenté.

Les avantages produits par ce changement, sous les rapports de propreté et de salubrité, sont trop sensibles pour qu'il soit utile d'en faire le détail; d'un autre côté, il est facile de voir que l'excédent de dépense qui en résultera sera plus que compensé par l'excédent de durée des tolarts.

Les diverses propositions, développées dans la note ci-dessus, sont uniquement relatives à l'administration des chiourmes; les questions de législation étaient étrangères au sujet que j'avais à traiter, et j'ai dû éviter de les y introduire.

Pour satisfaire autant qu'il dépend de moi aux désirs de M. M..., je vais exposer aujourd'hui mes principales idées sur cette matière.

## DE LA PEINE APPLIQUÉE AUX FORÇATS POUR FAIT D'ÉVASION.

La peine infligée aux forçats, pour évasion, est la prolongation de celle des travaux forcés pendant trois années : cette action est-elle donc réellement un crime, et la loi, qui a pour objet de la réprimer, n'est-elle pas beaucoup trop rigoureuse? Sans doute l'intérêt de la société exige que l'on prenne des mesures efficaces pour prévenir les évasions ; mais cet intérêt bien entendu exige aussi que les peines soient toujours graduées suivant les délits. Si l'on répond que les forçats, ayant été frappés par une première condamnation, ne doivent plus être traités d'après le droit commun, et qu'on ne peut consulter à leur égard que les règles de l'utilité publique ; je ferai remarquer que la législation actuelle, qui applique indistinctement la même peine à tous les évadés, les punit dans le rapport inverse du temps qu'ils ont encore à passer au bagne, et tend, par con-

séquent, à favoriser l'évasion des grands criminels. Je pense donc qu'il ne convient pas d'appliquer la peine des travaux forcés pour le fait de
simple évasion, et que, dans le cas où cette peine
paraîtrait devoir être conservée, il serait utile
d'en proportionner la durée au temps restant à
faire au forçat évadé.

## DES TRIBUNAUX MARITIMES.

Les forçats sont justiciables d'un tribunal particulier qui porte le nom de Tribunal maritime
spécial, et dont la composition est analogue à
celle des conseils de guerre ; ne serait-il pas plus
régulier de les faire juger par les tribunaux ordinaires, et ne doit-on pas regarder la juridiction
des tribunaux maritimes spéciaux comme ayant
été abolie par les articles 62 et 63 de la Charte ?

La même observation s'applique aux tribunaux
maritimes qui jugent les délits commis par toute
espèce d'individus dans l'enceinte des établissemens maritimes.

Je me plais à reconnaître que ces tribunaux
rendent la justice avec promptitude et impartia-
lité ; mais ce motif ne suffit pas pour justifier

l'illégalité de leur existence, et l'on ne peut trop se hâter d'entrer complètement à cet égard, comme à tant d'autres, dans les voies constitutionnelles.

## DES CONSEILS DE GUERRE.

Le département de la marine, délivré des dépenses que lui occasionent ses tribunaux exceptionnels, ne conserverait plus que les conseils de guerre permanens des cinq ports militaires.

Peut-être même serait-il avantageux de modifier cette institution et de créer, au moins pour le temps de paix, des cours d'assises militaires, qui ne différeraient des cours d'assises départementales qu'en ce que les jurés seraient exclusivement choisis parmi les officiers militaires.

## DES PEINES EN MATIÈRE CRIMINELLE.

La législation pénale me paraît être entachée de vices radicaux, et je m'étonne que des voix ne s'élèvent pas de toutes parts pour en réclamer la révision. Sans parler de la peine de mort et de la marque, dont l'abolition ne peut plus être long-temps ajournée, je ferai remarquer combien il a été peu judicieux de confondre sous la même dénomination, *travaux forcés*, une peine perpétuelle et une peine temporaire. La loi, qui a déclaré le criminel condamné à perpétuité indigne de rentrer jamais dans la société, fait cependant partager son sort au forçat à qui elle accorde le droit d'y reparaître après un certain temps; il résulte de cette confusion qu'au moment où elle fait tomber les fers de ce dernier, elle se trouve impuissante pour le dépouiller du manteau d'infamie dont elle l'a imprudemment couvert. C'est donc à la loi qu'il faut attribuer en grande partie les crimes des forçats libérés; c'est elle qu'il est urgent de changer, et la division par catégories n'est qu'un palliatif tout-à-fait insignifiant. Le seul moyen efficace de remédier au mal consiste à attacher exclusivement l'infamie légale aux peines perpétuelles.

La transformation du travail, même le plus pénible, en peine afflictive et infamante, m'a toujours paru un contre-sens; c'est plutôt l'oisiveté forcée qui doit devenir un châtiment, et le travail, source de tout bien, doit être réintégré au plutôt dans ses droits à l'estime publique.

La dénomination la plus convenable de la peine perpétuelle ne se trouve-t-elle pas fournie natuturellement par la chaine que portent les condamnés?

La déportation, dont on a tant exagéré les avantages, qui est impraticable en temps de guerre et très-dispendieuse en tout temps, ne me semble pas devoir être maintenue; la réclusion a seulement besoin d'être modifiée, le carcan doit être réservé pour les condamnés à la chaine, et le bannissement pour la répression de quelques crimes politiques; enfin il me paraît nécessaire de remplacer la dégradation civique par l'interdiction de certains droits civiques, civils et de famille.

L'isolement et l'oisiveté forcée formeraient le complément nécessaire et suffisant de la peine de la chaine et de celle de la réclusion, en donnant la facilité de graduer les châtimens suivant les crimes, et le travail serait présenté aux condamnés comme un moyen d'améliorer leur existence.

Sera-t-il utile, indispensable de continuer à affecter les condamnés à la chaine aux travaux des ports militaires? Cette question paraîtra embarrassante à quelques personnes, mais elle sera résolue affirmativement par toutes celles qui s'imaginent qu'un mode long-temps suivi ne peut pas manquer d'être excellent. Quant à moi, je pense que le mode actuel doit être proscrit dans l'intérêt de la morale publique et aussi dans celui du département de la marine : l'exemple du châtiment est d'un effet presque nul pour les habitans du lieu de la résidence du condamné; les grands rassemblemens de criminels favorisent singulièrement le développement de la corruption, leur contact inévitable avec la population ouvrière des ports exerce sur elle une influence pernicieuse ; la nécessité de les faire travailler hors du bagne occasione des frais de garde considérables; enfin partout où la main-d'œuvre est abondante, il est bien rare qu'on en fasse le meilleur emploi possible, et quelques succès particuliers, dépendant des hommes et des localités, ne doivent pas empêcher de reconnaître que les résultats généraux du système actuel sont très-peu satisfaisans.

Tout se réunit donc pour démontrer qu'il est nécessaire d'établir dans chaque département un bagne et une maison de réclusion; les bagnes devront être disposés de telle sort. que les condamnés à la chaine soient tous placés dans des cellules particulières, et il convient que ceux qui ne seront pas assujettis à l'isolement, ne puissent se trouver rassemblés qu'aux heures de travail. Il serait à désirer que le même mode fût adopté pour les reclus : livrés ainsi, chaque jour, à eux-mêmes, ils contracteraient l'habitude de réfléchir sur leur position, et il y a lieu de croire que cette habitude contribuerait efficacement à les rendre meilleurs.

L'entretien des bagnes et des maisons de réclusion serait sans doute peu dispendieux, parce que, d'une part, on pourrait réduire au moindre taux possible la valeur des fournitures faites par l'État, ce qui aurait aussi pour résultat de mieux faire sentir aux condamnés le besoin du travail, et que, de l'autre, on devrait prélever une partie de leur salaire, pour l'affecter au remboursement des dépenses des établissemens. Ce prélèvement paraîtrait convenablement fixé aux deux tiers pour les condamnés à la chaîne, et au tiers seulement pour les reclus ; les uns et les autres ne recevraient cependant qu'un tiers pour améliorer leur existence, mais le dernier tiers du salaire des reclus serait mis en réserve pour former une masse qui leur serait comptée au moment de leur libération. Il serait essentiel, pour prévenir les abus et les non-valeurs, que la main-d'œuvre des bagnes et des maisons de réclusion fût toujours mise en adjudication avec publicité et concurrence; ce serait sans doute aussi le meilleur moyen d'utiliser les forçats détenus dans les bagnes actuels.

*Nota.* Les observations que je me proposais de publier relativement au départ des forçats par *chaîne volante*, sont renvoyées au volume qui traitera des Bagnes de Toulon. Des améliorations proposées depuis longtemps sont, dit-on, sur le point d'être adoptées. La plainte devient inutile quand l'abus est au moment de cesser.

## FIN.

# TABLE.

www.ingramcontent.com/pod-product-compliance
Lightning Source LLC
Chambersburg PA
CBHW071345280326
41927CB00039B/1738